面向
中国理工科学生的
日语写作技巧

中国人留学生のための
理系日本語作文技術

著者=石川忠晴
翻译=肖锋，贺达，高爽

与传统的[C]相比，[A]能够减少输出谐波畸变。
与 传统的[C] 相比，[A]能够 减少 输出 谐波 畸变。
伝統的な[C]と比べて、[A]は 出力する調和波の歪を減少できる。

它主要面向高压大容量的应用场合。
它 主要 面向 高压大容量的 应用场合。
それは おもに 高電圧大容量の 実用的場面 のほうを 向いている。

使[M]在电机内以圆形轨迹旋转。
使[N] 在电机内 以圆形轨迹 旋转。
[N]を 電気機械内において 円形軌跡でもって 回転 させる。

東京工業大学出版会

前　言

本书是为准备赴日本留学，并进入理工科专业研究生课程学习的中国学生编写的"专业日语"学习手册。在日本，研究生（在日本称为大学院生）必须在各自的专业领域进行研究，然后将研究成果总结成论文，并在学会进行发表。我们称在这些场合下使用的日语为专业日语。本书主要以日语学习经历尚浅的初学者为对象，着重介绍如何在较短时间内初步掌握专业日语的写作方法。

笔者曾3次担任中国赴日本留学生预备教育（以下称赴日预备教育）课程的教师。赴日预备教育，是为已通过中国国内选拔，并获得日本政府奖学金的赴日留学预备生提供的日语培训课程。每年10月到次年的8月，在位于长春东北师范大学校园内的教育部直属中国赴日本留学生预备学校进行。该课程的特点是，除了一般的日语教育之外，在最后的一个月还设有专业日语课程。

在专业日语教育课程中，理工科专业日语教育由东京工业大学负责。笔者曾在2004年，2007年及2010年作为教师团的一员参加了该项目的教学工作。笔者任课的班级的学生都是一流大学的硕士课程毕业生，但对第一次接触日语的人来讲，大都感到很大的学习负担和压力。于是，为了减轻他们的学习负担，笔者开始探索研究更有效率的专业日语学习方法，并作为辅助材料写成了本书。

因为这样的原委，无法断言本书能否作为一般的日语学习教材使用。暂且不谈本书是否是最佳教材，而作为每年都招收中国留学生的东京工业大学研究生院教师来讲，笔者从自己的教学经验出发，一直认为很有必要提供一本学习专业日语的实用工具书。在此，借东京工业大学出版社邀请之际，将本书奉献给读者。

笔者通过参与赴日预备教育，充分体会到了日语学习对留学生的重要性。赴日预备教育作为中日两国的共同事业，已经持续了30年，成为两国友好的象征。能够参与这项事业我深感自豪。我相信这种自豪是共同参与这项事业的所有人员所共有的。希望这本书的读者不仅可以借此学习日语，同时也能对今后日中友好关系的发展有所思考，那笔者就深感万幸了。

本书的写作得到了很多人的帮助。特别是中国赴日本国留学生预备学校的各位老师，东京工业大学留学生中心的仁科喜久子教授，东京外国语大学留学生日本语教育中心的藤森弘子教授。她们对并非日语教育专业的笔者提供了非常有意义的指导与帮助。另外，本

书的中文翻译由东京工业大学的肖锋副教授以及笔者实验室的学生贺达与高爽完成。在此深表谢意。

最后,深切地感谢(财)理工学振兴会的支援,以及东京工业大学出版会太田一平的鼎力相助。

2011 年 4 月

东京工业大学大学院综合理工学研究科教授
石川忠晴

はじめに

　本書は，日本の大学の大学院に留学し理工系の専門を学習したいと考えている中国人学生のための「専門日本語」のテキストです。大学院の学生は，各人の専門に関するなんらかの研究を行い，その成果を論文にまとめ，また学会で発表しなければなりません。その際に用いる日本語を専門日本語とよんでいます。本書では特に理工系の学問で用いられる専門日本語の文章作成方法について，日本語学習経験の比較的浅い人たちを対象に解説しています。

　筆者は，中国赴日本国留学生予備教育（以下，赴日予備教育という）の教師を務めた経験が3回あります。赴日予備教育は，日本国政府奨学金で日本に留学する学生のうち，中国国内で選抜された人達が渡航前に受ける日本語教育で，長春の東北師範大学キャンパス内にある教育部直属の中国赴日本国留学生予備学校で，毎年10月から翌年8月まで実施されています。この教育の特長は，一般的日本語教育のほかに，1ヵ月間の専門日本語の課程があることです。

　専門日本語の教育課程の中で，理工系学生の教育を東京工業大学が受けもっており，筆者も2004年，2007年，2010年に教師団の一員として参加しました。筆者の担当したクラスの生徒は，みな一流大学の理工系修士課程を修了した人たちでしたが，初めての日本語学習にたいへん苦労していました。そこで，彼らの苦労を少しでも軽減できないかと考え，筆者は専門日本語の効率的学習方法について研究し，補助資料として本書を作成しました。

　そのような経緯で作成されましたので，日本語学習書として一般的に使用できるものかどうか，筆者自身もあまり自信はありません。しかし，東京工業大学の大学院の教員として中国からの留学生を毎年受け入れてきた経験から，本書がベストかどうかは別にして，大学院入学前に専門日本語を学習できる実用書が必要ではないかと考えていたところ，東京工業大学出版会からお誘いがあり，本書を出版していただくこととなりました。

　筆者は赴日予備教育に参加したことにより，留学生にとって日本語学習がいかに重要であるかを知りました。赴日予備教育は，日中両国の共同事業として30年間継続されてきた両国友好の証でもあり，筆者はこの事業に関わることができたことを誇りに思います。この気持ちは，同事業に関わった人々全員が共有するところでしょう。本書を手

はじめに

にされた方が，日本語の学習だけでなく，今後の両国友好に思いを致してくだされば幸いに存じます。

　本書の作成には多くの方からご協力をいただきました。特に中国赴日本国留学生予備学校の先生方，東京工業大学・留学生センターの仁科喜久子教授，東京外語大学・留学生日本語教育センターの藤森弘子教授からは，日本語教育が専門でない筆者に有意義なご助言をいただきました。また本文の中国語翻訳は東京工業大学の肖鋒准教授および筆者の研究室の学生である賀達さん，高爽さんにお願いしました。記して謝意を表します。

　最後に，本書の刊行にあたり，㈶理工学振興会のご支援，ならびに東京工業大学出版会の太田一平氏の多大なご尽力に感謝いたします。

2011 年 4 月

東京工業大学大学院総合理工学研究科教授
石川忠晴

目　录

前言 iii

1 本手册的特点和要点 1
2 学习的要点
   2.1　翻译的事先准备 5
   2.2　原文和翻译文的比较 9
   2.3　文章含义上的结构 11
   2.4　把汉语译成日语的步骤 16
3 辞典的使用方法
   3.1　本章序言 19
   3.2　名词的检索方法 22
   3.3　动词的检索方法 27
   3.4　形容词的检索方法 32
4 用言的活用
   4.1　动词的活用 37
   4.2　形容词的活用 47
   4.3　形容动词的活用 48
   4.4　多重赋予意义的连接 50
   4.5　与名词连接的平假名 52
5 虚词等的变换
   5.1　介词的变换 57
   5.2　助词的变换 57
   5.3　副词的变换 62
   5.4　连词的变换 63
   5.5　代词的变换 65
   5.6　数词・量词的变换 67
   5.7　关于具有助动词词性的动词（补充事项）........ 69
6 翻译方法的说明和例题
   6.1　本章序言 71
   6.2　逻辑性的确认和简短化 71
   6.3　按照日语的语法顺序进行调整 75
   6.4　利用电子辞典和变换表来进行日语变换 77
   6.5　利用日语版的 word 来进行写作 89

vii

7 翻译例子 95
8 デスマス形的变换
    8.1 デアル形和デスマス形 117
    8.2 デスマス形的活用 118
附录 赴日预备教育课程中理科日语作文的例子 127

目　　次

はじめに　v
1　本書の特徴と要点..................................1
2　学習の要点
　2.1　翻訳前に行うこと..............................5
　2.2　原文と翻訳文の比較............................9
　2.3　文章の意味からみた構造.......................11
　2.4　中国語から日本語への変換の手順...............16
3　辞書の使い方
　3.1　はじめに....................................19
　3.2　名詞の調べ方................................22
　3.3　動詞の調べ方................................27
　3.4　形容詞の調べ方..............................32
4　用言の活用
　4.1　動詞の活用..................................37
　4.2　形容詞の活用................................47
　4.3　形容動詞の活用..............................48
　4.4　複数の意味付けの接合........................50
　4.5　名詞に続く平仮名............................52
5　虚詞などの変換
　5.1　介詞の変換..................................57
　5.2　助詞の変換..................................57
　5.3　副詞の変換..................................62
　5.4　連詞の変換..................................63
　5.5　代詞の変換..................................65
　5.6　数詞・量詞の変換............................67
　5.7　助動詞的な動詞（捕捉）......................69
6　翻訳方法の説明と例
　6.1　はじめに....................................71
　6.2　論理性の確認と短文化........................71
　6.3　日本語の語順への変換........................75
　6.4　電子辞書と変換表を用いた日本語への変換......77
　6.5　日本語wordによる文書作成....................89

7　翻訳例.. 95
8　デスマス調への変換
　　8.1　デアル調とデスマス調....................... 117
　　8.2　デスマス調の活用........................... 118
付録　　赴日予備教育における理系日本語作文の例..... 127

1 本手册的特点与要点

语言学习中写作的重要性

面向外国人的多数日语教材,一般都以在日本生活所需的会话为主要内容。但是,能进行日语会话并非就能用日语写论文。我想在学习中文的过程中也是一样的。请回想一下语文课的学习。在语文课中,相比"会话"来讲,我们更多的是学习"读写"。通过学习阅读,可以理解他人的思想和观点。通过学习写作,可以正确地表达自己的想法。对于后者,大家应该都做过很多"作文"练习。那么会话与写作的区别在哪里呢?

会话一般是对话伙伴之间进行的语言上的交流,遇到没听明白的句子可以不断地重复提问,并且如果感觉之前所说的内容不妥的话,还可以订正。此外,话题和对话内容也是可以随时改变的。会话实际上是通过对话伙伴之间的不断沟通和交流,确认互相传达的信息和表达思想的一个过程。相反,写作则需要作者一个人把全部所要表达的内容进行排序组合,从而让不特定的读者仅仅通过文字排列就能理解作者想要表达的思想。这就需要作者以充分的论据(资料,数据)为基础,写成具有严密逻辑结构的文章。

论文就是"逻辑性"和"文章"的统一体。如果不能把逻辑条理整理好,就不可能写出优秀的论文。反之,如果文章具有严密的逻辑性,即使表达上稍有欠缺也可以被读者所理解。学术会议的讲演也是一样,口头讲演基本上都是按照事先准备的内容进行叙述,所以与会话相比在实质上更接近于写作。由于为讲演准备的幻灯片或者是ppt文件的内容与论文是相通的,在讲演时所用的语言也自然跟写作时所用的语言更相近。因此,如果大家是为了学习专业知识去日本留学的话,就不仅要学好日语会话,同时也要认真学习如何用日语写作专业论文。

用中文思考逻辑

我想大多数学习本书的人,都已经在中国攻读过理工科课程,并拥有论文写作等进行研究发表的经验。笔者就职的东京工业大学的留学生也是如此。他们当中也有日

语会话很好的学生。但是,即使对于他们,"直接用日语"写论文也是非常困难的。这是为什么呢?因为只学习过日语会话的人,思考日语时大脑会进入"会话模式"。作为结果,逻辑的组织结构就有可能变得模糊不清。

为了写作具有逻辑条理的日语文章,一个比较有效的方法是,首先用母语思考如何搭建逻辑结构,然后再进行翻译,用日语表达出来。除了少数从小在双语或多语环境下长大的人以外,一般来讲用母语才能最有效地进行逻辑思维。这并不是说用外语就不能进行逻辑性思维,只是用外语思考时,大脑在进行逻辑演绎的同时还必须顾及外语的语言因素,这无疑会对大脑造成很大的负担,从而影响整个思维过程,使大脑无法像用母语那样,把逻辑思维能力充分发挥出来。因此,在现阶段我们最好采用以下两个步骤来完成日语写作:(1)首先用母语思考,并写成逻辑严谨的文章;(2)再通过翻译,用日语表达出来。

利用中文与日文的共同点

因为大家都具有用汉语进行逻辑性文章的写作能力,所以只要学习掌握用日语写作的技巧就可以了。其实,也就是把汉语翻译成日语。也许很多人认为把文章翻译成外语是很难的一件事情。确实,准确地翻译正式文书或者文学作品的确比较困难。不过,理工科的论文从结构上看还是相对比较简单,所以翻译起来也比较容易一些。况且,日语也同样是使用汉字的语言。尽管日语的汉字与汉语的汉字有所不同,追溯两者的起源,都是从相同的汉字衍变而来的,所以非常相似。利用这一特点,就可以比较容易地把汉语"变换"成日语了。

这里向大家举一个例子来说明这一点。在日本的初高中,都有"汉文"课。这个课程的主要内容是将中国古代汉语中具有代表性的文章或者诗歌替换成"日语的发音和语法结构",从而进行阅读学习。表 1-1 中例举了初中阶段学习的简单课文。汉语句子的左侧所标记的符号是用于调整词语顺序的,目的是将词语按日语的习惯重新排列。这样,按调整后的顺序阅读,就可以自然地理解文章的含意了。符号"レ"代表把上下文的顺序进行对调,符号"一"和"二"的作用是,先跳过"二"以上的文字,直接读"一"所对应的文字,然后再读之前跳过的文字。这样一来,就形成了左侧记载的日语语文(日语的古文)。由此可见,语序在汉语和日语中有很大的不同。因此,在本书中,我们将首先从语序的变换开始学习。

另一方面,笔者听说在语言教育与文化交流的领域,有人指责用日语发音读中文或者用中文发音读日文存在弊端。但笔者认为,如果"有助于内容的理解与内容的传达"的话,多少有些弊端也是可以接受的。凡事有坏处也有好处。笔者的姓氏在中国

表1-1　日本中学古汉语课文的例子

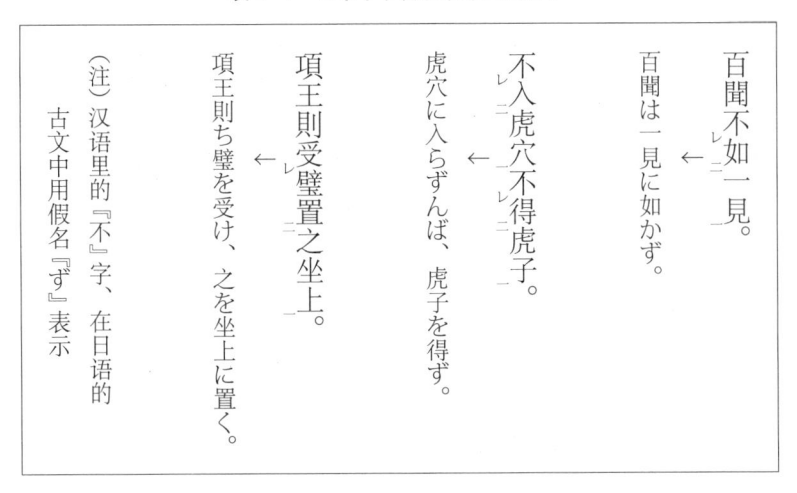

> 百聞不如一見。
> 百聞は一見に如かず。
> ←
> 不入虎穴不得虎子。
> 虎穴に入らずんば、虎子を得ず。
> ←
> 項王則受璧置之坐上。
> 項王則ち璧を受け、之を坐上に置く。
> ←
> （注）汉语里的『不』字，在日语的古文中用假名『ず』表示。

以外的所有国家都是"Ishikawa"，只有中国人叫我"Shichuan"。我想这样更容易直接传达"石川"这个姓氏的意思吧。如果希望中国人更亲切地记住笔者的姓的话，应该叫我"Shichuan"会更好。中国人与日本人通过汉字共享着"思想范畴"。这难道不是很美好的事情吗？

本书的特点

　　中文与日语中相同汉字的发音不同，但"汉字的意思"基本是相同的，所以只要知道语序的转换方法，就有可能理解日语的意思。并且能够将自己写的中文替换成日本人能够理解的语序。因此，本书试图最大限度地利用中文与日语中共有的"汉字"，培养日语写作能力。这是本书的第一个特点。

　　本书的第二个特征是电子词典的使用。学习外语时少不了字典。但是，多数人认为字典的功能只是查找"单词的含义"。然而，最近的电子词典包含了不少例句，还有语法的解释。再加上利用"跳查"功能，可以便捷的跳到其他地方然后再跳回来。灵活应用电子词典的丰富功能，能够迅速提高日文写作能力。

　　最近，已经很少有人再用手写论文了，一般都用电脑写作。本书的第三个特点是充分利用电脑的文书写作软件。我想大家用中文写论文时，会使用"Word"软件吧。先输入拼音，然后运用转换功能选择确切的汉字。Word是世界通用的软件。写作日语时，一般也使用与拼音相似的"罗马字"音标，其他的使用方法与中文的Word基本一样。所以应该可以用电脑有效率的进行日语写作。

学习目标是能够写作"可以被理解但有待进一步修改的日语文章"

　　希望通过专业日语课程的学习，使大家基本上能够利用日语进行专业文章的写作。不过，这里并不要求大家一定要写出完美的日语文章。如果大家把自己写的日语作文交给日本的指导教授审阅的话，很可能会被用红笔作各种各样的修改。尽管如此，也不用失望。教授能够进行修改至少说明你的文章内容已经能被他人所理解了。如果教授无法理解文章内容的话，当然无从加以修改。专业日语学习的目的在于把自己的研究成果正确地传达给日本人，如果文章达到了可以让别人修改的程度，就说明你已经把要表达的内容传达给了对方，可以说已经很成功了。所以换句话说，这个课程的主要目标就是为了使大家写作的日语文章达到"可以让日本教授进行修改的程度"。

　　我有好几个在日本生活了10年以上的朋友和同事。他们的日语会话很好。但是，并非每个人都有很高的日语写作水平。使用外语"准确地"写作文章是非常困难的。我也如此。因为工作，我经常需要用英语写作，但水平依然不太高。请母语为英语的人检查论文时，常有很多地方会被修改。尽管如此，一般来讲原来的论文也都足以传达研究的内容。实际上，国际学会上发表的文章一般都是自己写的原文，受到的评价也还不错。

　　大家的情况也一样，只要写出的日语能够让日本人读懂就可以了。这样，他们就能帮你进一步修改文章了。对此，请不要觉得不好意思。本来大家就不是日本人，即使不能写出完美的日语也不必感到太难为情。传达研究的内容才是最重要的。本书的目标正是想让大家能够写出能被日本人理解并作进一步修改的日文文章。

　　众所周知，随着学术国际化，特别是对于理工科领域，英语交流能力变得越来越重要。同样，在日本大学的研究生课程中，英语教育也是非常受重视的。实际上，为留学生专门提供的课程基本上都是用英语进行教学。从原则上讲，即使不懂日语，留学生也能够顺利地完成研究生课程，并获得学位。所以也许有的人会觉得没有必要学习专业日语。不过，对于日本教授来说，英语也终归是外语，与母语日语相比其英语的表现力和理解力都会差一些。关于尖端研究的一些想法显然用日语交流会更顺利。此外，日本学生之间在讨论时通常也都是用日语。因此，为了使你在日本的研究学习生活更加充实，不仅是英语，专业日语也是非常必要的。

2 学习的要点

2.1 翻译的事先准备

下面所示的文章是某个中国研究生的中文毕业论文摘要。这个学生于 2008 年完成了赴日预备教育后留学日本，攻读东京工业大学的博士学位。他的专业是电子工学。这里以这篇摘要为例，来说明把汉语翻译成日语时的一些要点。

Ⅰ. 汉语原文

<u>多电平变换器</u>及其相关技术的研究与应用，是现代<u>电力电子技术</u>的最新发展之一，它主要面向高压大容量的应用场合。与传统的<u>两电平逆变器</u>相比，<u>多电平变换器</u>能够减少输出谐波畸变，不用或只需很小的输出滤波器，整体效率高，同时可以用低压器件实现高压大容量输出。这一技术对于高压大容量电能变换，提高用电效率具有重要意义，是当前电力电子技术的研究热点之一。

论文的研究工作是围绕着<u>多电平变换器</u>在<u>永磁同步电机调速系统</u>中的应用展开的。论文较深入地分析了<u>多电平变换技术</u>的发展与现状，国内外<u>三电平变换器</u>的研究与生产的现状，并对<u>二极管箝位型三电平变换器</u>的电压电流规律进行了详实的论述；对<u>空间电压矢量脉宽调制</u>（SVPWM）控制二极管箝位型三电平变换器（NPC）的原理，算法和仿真步骤进行了详细的介绍与分析；详细论述了<u>中点电压</u>不平衡的原因，提出了一种通过检测<u>中点电流</u>合理选择控制因子的 SVPWM 方法。

最后，对调速系统的主电路和控制电路进行设计，采用对<u>电压型逆变器</u>的控制目标进行改造，变成以电流为控制目标的<u>电流型逆变器</u>，使定子电流合成矢量在电机内以圆形轨迹旋转（<u>稳态</u>），根据电流矢量在空间的位置计算出逆变器各开关的开通时刻和<u>导通间隔</u>，来控制逆变器各<u>相电流</u>的输出，控制策略采用矢量控制。

5

下划线部分代表专业用语。理工科的很多专业用语在一般的辞典里都没有记载。由于我的专业是水环境学，所以并不知道电子工学的专业词语该怎样翻译。况且，随着科技的发展，理工科领域出现进一步专业细分化的倾向，许多新的专业用词不断出现。所以即使对于专家来讲，只要专业领域稍有不同，对一些专业词汇的准确翻译往往都没有十分把握。因此，如果你知道文章中某个专业词汇的英语单词的话，与其用没有十分把握的日语单词进行翻译还不如就直接用英语来表达。这样，至少可以让日本的专业人士正确地理解词义。

　　以前在学习专业外语时，曾经想只要学会了专业词汇就可以了。35年前我还是学生时，在各系或学院的图书室中都备有一本非常厚的"〇〇用语辞典"。这是为查找相关专业英语词汇而准备的。但现在这些词典已经基本用不上了。因为与当时相比专业词汇已经成倍地增加了，以至于有许多专业词汇没有被收录。现在要想知道某个专业词所对应的外语单词，要么是直接去问老师或相关专业的专家；要么是通过大量地阅读外语相关论文，根据含义推测出适当的对应单词。不过在翻译时，即使立刻找不到对应的外语专业词汇也不用着急，专业词汇大部分都是名词，可先用一个简单的记号暂时表示，等以后再用合适的外语单词替换到文章里就可以了。

　　例如，可按以下所示，先把这些专业名词用记号（英语字母）进行表示：

　　　A：多电平变换器，B：电力电子，C：两电平逆变器
　　　D：永磁同步电机调速，E：多电平变换，F：三电平变换器
　　　G：二极管箝位型三电平变换器，H：空间电压矢量脉宽调制（SVPWM），I：中点电压
　　　J：中点电流，K：电压型逆变器，L：电流型逆变器，M：定子电流合成矢量
　　　N：稳态，O：逆变器，P：导通间隔，Q：相电流

　　首先在下面所示的日语译文中，尽量的保留了原文中的单词以及表达方式。

Ⅱ．日语译文

　　[A]およびそれが関連する技術の研究と応用は，近代的な[B]技術の最も新しい発展の1つである。それはおもに高電圧大容量の実用的場面のほうを向いている。伝統的な[C]と比べて，[A]は出力する調和波の歪（ひずみ）を減少できる。したがって，出力フィルターが不用か，あるいは小さなものを必要とするだけである。結果として全体の効率が高く，同時に低圧機器を用いて高圧大容量の出力を実現できる。この技術が高圧大容量電気エネルギー変換に対して電気使用効率を向上させ

ることは，重要な意味をもっている。このため，それは目下，[B] 電力電子技術の研究の焦点の 1 つである。

本論文の研究業務は，[D] システム中での [A] の応用展開を中心とするものである。本論文は，まず，[E] 技術の発展と現状，国内外の [F] の研究と生産の現状を比較的深く分析した。さらに，[G] の電圧と電流の法則について詳細で確実な論述を行った。次に，[H] が制御する [G] の原理，計算法とシミュレーションの過程について詳細な紹介と分析を行った。その後，[I] が平衡しない原因を詳細に論述し，[J] の計測を通して制御因子を合理的に選択する SVPWM 法を提案した。

最後に，調速システムの主回路と制御回路について設計を行った。そこでは，我々は [K] に対しての制御目標の改造を行い，電流を制御目標とする [L] に変化させ，[M] を電動機内において円形軌跡で回転させた ([N])。電流ベクトルの空間位置に基づいて，[O] の各スイッチがオンになった時刻と [P] を計算し，[O] の各 [Q] の出力を制御した。制御戦略はベクトル制御を採用した。

上面的日语译文中存在一些不自然的地方。但通过它，日本的理工科研人员已经能够充分理解原文所表述的内容，同时，该译文与汉语原文的各个句子之间还保持着明确的对应关系。我们这本教材的目标就是首先让大家能够具备翻译成上面的译文的能力。接下来，让你的日本教授理解并修改这篇日语文章，有了这样的基础，我们就可以进一步学习更高水平的专业日语写作技巧了。

下面说明一下上述日语译文的翻译过程，希望大家能够从中找到一些规律。在对本例文进行翻译之前，为使翻译更得心应手，先对原文作一下整理。从汉译日的角度来看，原文的写作存在两个问题。首先就是句子整体过长。一般的汉语文章与其他的语言相比，句子（两个相邻句号"。"之间的语言单元）往往显得过长。这个例文尤其如此。而在翻译成外语时，较短的句子应该是最容易处理的，所以我们推荐把每个句子都尽量写得简短，明了。通常，由简短的句子连接组合后形成的文章看起来就像小学生的作文那样，因此，大家可能对于使用这样简短化的句子也有抵触情绪。不过，我想大家应该首先从可以正确地翻译结构简单的文章开始，再逐步挑战翻译较长的文章，这样才能最有效率地进步。

其次，在各小节（两个相邻逗号"，"之间的语言单元）之间，表示逻辑关系的连接词基本上没有用到。通过正确使用"因为"，"所以"，"如果"，"但是"，"虽然"等这样的连接词可以使文章的逻辑性变得更加明确。当然在很多场合，如果对每个小节的内容都能够明确叙述的话，即使不用很多连接词，文章的逻辑性也能够很清楚地表

达出来。不过，处于还不能纯熟的运用各种日语表达方式时，大家的文章往往会变得含糊不清，在这里鼓励大家尽量使用连接词。

针对原文的上述问题，对其进行整理。把汉语原文进行切割，使长句简短化；同时，利用连接词使前后文的逻辑关系更加明确。整理后的汉语原文如下，其中变更的部分加上了下划线。

Ⅲ．短化后的汉语

[A] 及其相关技术的研究与应用，是现代 [B] 技术的最新发展之一。它主要面向高压大容量的应用场合。与传统的 [C] 相比，[A] 能够减少输出谐波畸变。所以不用或只需很小的输出滤波器。结果上整体效率高，同时可以用低压器件实现高压大容量输出。这一技术对于高压大容量电能变换，提高用电效率具有重要意义。因此，它是当前 [B] 技术的研究热点之一。

论文的研究工作是围绕着 [A] 在 [D] 系统中的应用展开的。论文首先较深入地分析了如下的三点：[E] 技术的发展与现状，国内外 [F] 的研究与生产的现状。并且，对 [G] 的电压电流规律进行了详实的论述。其次，对 [H] 控制 [G] 的原理，算法和仿真步骤进行了详细的介绍与分析。其后，详细论述了 [I] 不平衡的原因后，提出了一种通过检测 [J] 合理选择控制因子的 SVPWM 方法。

最后，对调速系统的主电路和控制电路进行设计。在那儿，我们采用对 [K] 的控制目标进行改造，变成以电流为控制目标的 [L]，使 [M] 在电机内以圆形轨迹旋转（[N]）。根据电流矢量在空间的位置计算出 [O] 各开关的开通时刻和 [P]，来控制 [P] 各 [Q] 的输出。控制策略采用矢量控制。

对于中国读者来讲，看了上面修改后的文章也许会感觉，与原文相比修改后的文章多少有些别扭。有这样的感觉非常自然，因为整理前的汉语原文更符合中国人所习惯的汉语特有的表达方式。而改写后的文章则是为了更便于进行翻译，而不太顾及汉语的习惯。所以从汉语的角度看起来可能不是十分流畅，并显得有些累赘。不过，对于翻译来讲，改写后文章那样的"反复叙述"式的写作形式则更容易处理。

前面的日语译文（Ⅱ）其实就是按照这个整理改写后的汉语文章（Ⅲ）进行翻译的。在（Ⅱ）与（Ⅲ）中，汉语和日语的每个句子长度都对应得很好，比起按原文（Ⅰ）的文章结构直接翻译后的日语译文，上面的日语文章（Ⅱ）更容易阅读和理解。更重要的是，汉语和日语句子之间的关系明确，这样也就减少了读者误解汉语原文逻辑关系的可能。

在日本，有一本专门教理工科学生如何写论文的类似于写作手册的书，书名是《理工科的作文写作技巧》。在书的前言部分写到"理工科的文章可以不是「名文」，但必须是「明文」。就是说文章的前后逻辑关系一定要明确，不可以留有任何让读者产生推测以至于误解的地方。在用外语写作论文时尤其要注意这一点。与母语相比较，用外语写作时文章的表现力会相对欠缺，并会常常因此而失去严谨，明确的逻辑性。所以，在翻译前必须做好上述的"事先准备"。

2.2 原文和翻译文的比较

接下来，我们把「Ⅲ．短化了的汉语文章」和「Ⅱ．日语翻译文」的每个句子进行比较。这里把句子中的语言要素分成几种类型，并用不同的下标加以区别。附加下标的含义如下：

　　_____：汉语中的虚词和代词及其分别对应的日语词汇。
　　══════：日语中特有的"助词"，在汉语中不存在与之相对应的单词。
　　粗体字：属于动词，形容词或助动词的词类。
　　﹏﹏﹏：通过查辞典已翻译成日语表达形式的部分。
　　无标记：与汉语完全对应的部分，只需将相应词汇的中文汉字变换成日文汉字即可。

这里，所谓的虚词就是单独使用无任何意义的单词，在汉语中包括副词，介词，助动词，连词，助词，象声词，感叹词。相对来说，可以单独使用并且带有具体意义的词汇称为实词，包括名词，动词，形容词，数词，量词，代词。另外，正如大家已经在基础日语中学过的那样，在日语中，动词，形容词（包括形容动词）和助动词由于使用场合的不同，必须进行变化，也就是"活用"。这三种词类被统称为"用言"。

汉语和日语句子的顺序不完全相同，这里对于在翻译过程中语序发生变化的部分用矢线"→"标示出来。

(a)．[A] 及其相关技术的研究与应用，是现代 [B] 技术的最新发展之一。

　　　[A] 及其 相关技术的研究与应用，⋯⋯⋯⋯
　　　[B] および それが 関連する 技術の 研究と 応用は，⋯⋯⋯⋯
　　　　　　　　　⋯⋯⋯⋯**是** 现代 [B] 技术的 最新 发展 之 一。
　　　　　　　　　⋯⋯⋯⋯近代的な [B] 技術の 最も 新しい 発展の 1つである。

这个句子的汉语和日语语序大致相同，只是与汉语中的"**是**"相对应的日语单词

"である"必须放在句子的最后面。日语句子中出现的助词"は"在汉语中并不存在。此外，日语句子中还出现了其特有的平假名。主要出现在两处，一处是与虚词相关的部分，另一处是与用言相关的部分。还有，日语的数量词"1つ"也包含了平假名。

(b). 它主要面向高压大容量的应用场合。

<u>它</u> <u>主要</u> <u>面向</u> <u>高压大容量的</u> <u>应用场合</u>。

<u>それ</u> <u>は</u> <u>おもに</u> <u>高電圧大容量の</u> <u>実用的場面</u> <u>のほうを</u> <u>向いている</u>。

　　这个句子的汉语和日语语序也大致相同，只是与"面向"相对应的"向いている"被放到了句子的最后，并在之前插入了"のほうを"。此外，与日语的平假名"は"和"のほうを"相对应的汉语单词均不存在。

(c). 与传统的 [C] 相比，[A] 能够减少输出谐波畸变。

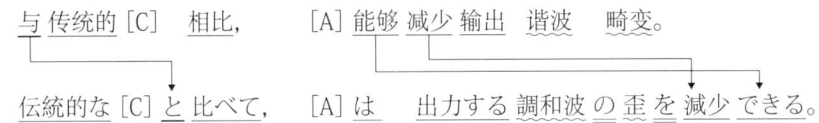

<u>与</u> <u>传统的 [C]</u> <u>相比，</u> <u>[A]</u> <u>能够</u> <u>减少</u> <u>输出</u> <u>谐波</u> <u>畸变</u>。

<u>伝統的な [C]</u> <u>と</u> <u>比べて，</u> <u>[A]</u> <u>は</u> <u>出力する</u> <u>調和波</u> <u>の</u> <u>歪</u> <u>を</u> <u>減少</u> <u>できる</u>。

　　这个句子的对应关系稍微复杂一些。在 (a) 和 (b) 的例句中，只对用言的语序作了调整，而在例句 (c) 中，和虚词"与"相对应的"と"被调整到了比较对象 [C] 的后面。并且，四个日语用言中的"伝統的な"和"出力する"的位置没有发生改变；而对应"能够"的"できる"被放到了最后，"减少"则移至对其进行修饰的"できる"之前。在此之前的例句中，用言都是被放在句子的末尾，而这里在"減少"的后面又加了"できる"才结束。这是由于日语中复杂的用言变化（"活用"）决定的，在翻译时不能简单地将用言挪到句末就了事，还必须根据原文正确地对其进行词尾变换才能完整地表达语义。另外，直到现在出现的用言都是带有平假名的，而这个句子中的"減少"只有汉字。这是因为"減少"属于一类特殊的动词，也就是"する"型动词。我们将在以后的内容里加以说明。

　　接下来，我们对下面的句子也稍作分析。

(d). 使 [M] 在电机内以圆形轨迹旋转。

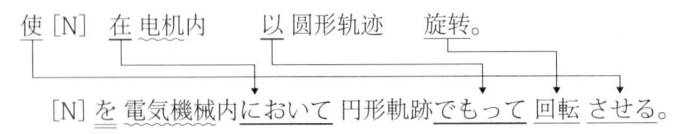

<u>使 [N]</u> <u>在 电机内</u> <u>以 圆形轨迹</u> <u>旋转</u>。

<u>[N] を</u> <u>電気機械内において</u> <u>円形軌跡でもって</u> <u>回転</u> <u>させる</u>。

　　与汉语句子中最前面的助动词"使"相对应的"させる"被放到了句子的最后面。与动词"旋转"相对应的"回転"没有附加平假名被放到了"させる"的前面，这一

现象与(c)所示的例句类似。另外，与虚词"在"相对应的"において"被放到了"電動機内（电机内）"的后面。同样，与"以"相对应的"でもって"也被放到了"円形軌跡（圆形轨迹）"的后面。由此可以看出，虚词也有被放到后面的情况。

2.3 文章含义上的结构

为了理解前一小节所示的汉语和日语的对应关系，首先必须知道两种语言在基本结构上的区别。在正确掌握了句子结构上的区别之后，再把汉语单词变换成对应的日语单词，就能正确地进行翻译了。因此，在本小节中我们再进一步确认一下两者在结构上到底有什么不同。

2.3.1 文章结构按照含义分割成的单元

语言是向对方传达某种信息的手段，而信息是由"谁（什么）"，"什么时候"，"在哪里"，"对谁（什么）"，"如何"，"怎么样"等基本要素（或称信息单元）构成的。这些信息单元通常是根据所要表达的意思对单词进行组合而成的。这里以下面的句子为例，说明如何通过基本信息单元来分析句子结构。

<u>她画的画</u> 两年前在国际展览会获得了头等奖。　　　　　　　　　···(1)

标准的句子一般都包含"主语"和"谓语"，这也是句子（文章）中最重要的信息。(1)所示的句子的主语是第二个词"画"，谓语是"获得了"。这里，首先大致把包含主语的部分和包含谓语的部分区别开来。我们称前者为"主语部分（＿＿＿）"，后者为"谓语部分（＿＿＿）"。

主语部分中主语之外的短句"她画的"是为了说明主语"画"是什么样的"画"。这个部分又是由"她"作为主语并包含"画"这样一个动词的小短句。这样的含有多个谓语的句子叫做"复合句"，当中所包含的短句在本书中称为"节"。我们将在后面对复合句进行总结说明。另一方面，谓语部分中的谓语动词以外的部分是为了说明谓语动词"获得"的，具体说就是，"两年前"是说明什么时候"获得"的，"在国际展览会"是说明在哪里"获得"的，"头等奖"是说明"获得"的对象。这样，例句(1)就可以被分拆成以下六个基本单元。

她画的 画 两年前 在国际展览会 获得了 头等奖。　　　　　　　···(1')
　(a)　(b)　(c)　　　(d)　　　(e)　　(f)

这六个单元的功能如下：

(a) 修饰体言（主语）的短句

(b) 构成主语的词组

(c) 表示时间的词组

(d) 表示场所的词组

(e) 构成谓语的词组

(f) 表示谓语动词的目的语（宾语）的词组

这里的所谓体言就是可以作主语的单词或词组，通常是名词，指示代词或名词短句。另外，用言就是可以构成谓语的单词，通常是动词或形容词（日语中包含形容动词）。

此外，还有以下类型的词组或短句：

(g) 作为动词作用对象的词组　　例：老师鼓励那个学生好好学习英语。

(h) 修饰用言的词组或短句　　　例：她像广播员似的流利地说。他像你一样聪明。

(i) 表示发言等内容的短句　　　例：他说火车站离这儿相当远。他请老师给他学分。

以上的内容可以整理如下。

表 2-1　词组（短句）类别

词组（短语）类别	词组类别的内容	上述例句
①	构成主语的词组	(b)
②	作为谓语的词组	(e)
③	表示时间的词组	(c)
④	表示场所的词组	(d)
⑤	作为动词的目的语的词组	(f)
⑥	作为动词的作用对象的词组	(g)
⑦	修饰体言的词组	(a)
⑧	修饰用言的词组	(h)
⑨	表示发言等内容的词组（短句）	(i)

2.3.2　不同语言之间词组的对应关系

与 (1') 具有相同意思的英文可以写成 (2') 那样，同样也可以区分为六个基本单元。

The painting/she drew/won/first-prize/in an international competition/two years ago.

　　　(a)　　　(b)　　(c)　　(d)　　　　　(e)　　　　　　　(f)

　　　　　　　　　　　　　　　　　　　　　　　　　　　　···(2')

我们用"/"把各词组或短句隔开。主语是"(a) painting",谓语是"(c) won"。并且,主语部分是 (a) 和 (b),而谓语部分是 (c)～(f)。与例句 (1') 相同,主语部分中主语以外的语句是为了说明主语。同时,谓语部分中的谓语动词以外的语句,说明了谓语"won"是在"什么时间"和"什么地点",得到了"什么"。现将汉语和英语词组(或短句)的对应关系在表 2-2 中列出。数字表示表 2-1 所示的词组或短语类别。

表 2-2　词组(短语)的对应关系(汉语和英语)

		汉语					
		(a)-⑦	(b)-①	(c)-③	(d)-④	(e)-②	(f)-⑤
英语	(a)-①		○				
	(b)-⑦	○					
	(c)-②					○	
	(d)-⑤						○
	(e)-④				○		
	(f)-③			○			

从上面的表格中可以看出,英语和汉语的句子在语序排列上有很大的不同。也就是说英语和汉语的语言结构有着很大的区别。

而与 (1') 和 (2') 具有相同意义的日语则可按以下 (3') 那样,写成:

彼女が描いた　絵は 2 年前に　国際コンクールで　一等賞を　獲得した。　…(3')
　(a)　　　(b)　　(c)　　　(d)　　　　　(e)　　　(f)

汉语例句 (1') 和日语例句 (3') 的词组或短语的对应关系如表 2-3 所示。

表 2-3 中所示的日语和汉语的顺序,与表 2-2 中所示的英语和汉语的顺序相比,

表 2-3　词组的对应(汉语和日语)

		汉语					
		(a)-⑦	(b)-①	(c)-③	(d)-④	(e)-②	(f)-⑤
日语	(a)-①	○					
	(b)-⑦		○				
	(c)-②			○			
	(d)-⑤				○		
	(e)-④					○	
	(f)-③						○

相关性更高。也就是说,汉语的语序结构与英语相比更接近于日语,只在最后的部分有所不同。这是因为在日语中,谓语一般被放在句子的最后。这也是汉语和日语之间的最大的区别。除此之外,其他部分的排列顺序却相当一致。所以,在很多情况下,如果把汉语句子中做谓语的词组移动到句子最后面的话,往往就可以形成日语的语序结构了。

2.3.3 词组或短语的细分化与组合

A. 词组或短语的细分化

作为信息的基本单元,词组或短语可以被进一步分解。例如表 2-1 中⑨所示种类的短语往往本身就构成复合句,并可以分割成更详细的信息。例如,上述(i)的第一个的例句可以像下面那样,进一步分解为更单纯的词组:

火车站离这儿相当远 ⇒ 火车站(①) 离这儿(④) 相当远(②)。

同样,表示时间或地点的短语,以及构成目的语的短语都可以被进一步细分。

例:我家住在上海时,爸爸常常带我去麦当劳。(表示时间的短语)

我家住在上海 ⇒ 我家(①) 住(②) 在上海(③)

例:入学考试的前一天,我住在考场大学附近的旅馆。(表示地点的短语)

考场大学附近的旅馆 ⇒ 考场大学附近的(⑦) 旅馆(④)

例:如果你饿了的话,可以吃放在桌子上的面包。(构成目的语的短语)

放在桌子上的面包 ⇒ 放在桌子上的(⑦) 面包(⑤)

像这样,首先把握住大的信息单元,然后再把短语等较大的单元分割成更小的词组后,就基本上可以正确地认清文章的结构了。在此基础之上,再把每个单词变换成日语,就可以减少翻译错误。

B. 词组的重新组合

把汉语翻译成日语的时候,有时需要把被分解的单词或词组按日语语法进行重新组合,进而构成日语的相应词组或短语。2.2 中所示的例文(d)就属于这种情况。

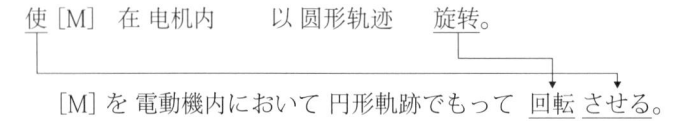

使 [M] 在 电机内 　以 圆形轨迹 　旋转。

[M]を 電動機内において 円形軌跡でもって 回転 させる。

汉语的使役动词"使"一般在让别的人或物(使役对象)进行某种动作或行为的场合使用。在这种情况下,就必须有表示使役对象者所进行的动作或行为的动词。上面句子中的"旋转"就是这样的动词。在日语中,把"使"和"旋转"两个动词组合起来作为谓语使用。与"使"有相同用法的使役动词还有"让","叫","请","给"等。另

外，被动动词"被"也有同样的用法。下面列举两个这方面的例子。
例：他被大家批评。

　　他　被　大家　批评。

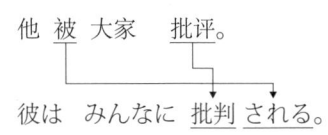

　　彼は　みんなに　批判　される。

接下来的例句中动词"给"也具有相同的形式。
例：我给她买一个手表。

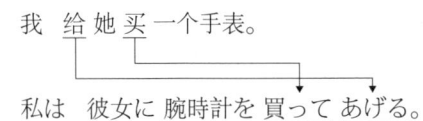

　　我　给　她　买　一个手表。

　　私は　彼女に　腕時計を　買って　あげる。

2.2 中所示例文 (c) 的句型也是类似的，这里给出例文的后半部分。

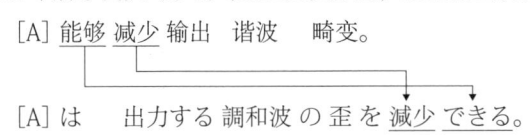

　　[A] 能够 减少 输出 谐波 畸变。

　　[A] は　　出力する 調和波 の 歪 を 減少 できる。

　　动词"能够"在单独使用时无法表示明确的意义，也被称为助动词。在例句中，与表示实际动作的动词"减少"一起构成一个词组。在日语中，助动词和动词的顺序是相反的，即动词在前，助动词在后。具有同样用法的其他单词还有："可以"，"能"，"会"，"要"，"想"，"愿意"，"应该"，"得"，"可能"等。这些都是助动词，在日语中被称为能愿动词。

　　综上所述，使役动词和能愿动词都有一个共通点，即在汉语句子中，在它们的后面都会出现具有实际意义的动词。对于这种情况，只要把具有实质意义的动词移动到句末，并将其重新组合成表示谓语的词组或短语就可以。注意，在重新组合时使役动词和能愿动词必须置于实义动词的后面。

为什么要通过词组或短语来分析句子

　　我们知道，所有的物质都是由原子构成的。可以说如果弄清了原子间的结合方式就可以了解物质结构及特性。可是在现实环境中，就像高中化学课里所学习的那样，原子并不是单独存在的，而是以分子、离子或者化学基（NH_3^+，PO_4^{3-}，OH^-，$COOH^-$，····）等被称为"原子组合"的这样一些具有特定物理与化学功能的单元形式出现的。所以，与其着眼于每个原子个体，不如着眼于常见的原子组合，从而能够更简单，有效地理解现象。如果把这个比喻用到文章分析中去的话，那么单词就相当于原子，词组或短语就相当于分子、离子或者基。这样，以词组或短语为基础来分析理解文章就不失为一种更简便和有效的方法。

2.4 把汉语翻译成日语的步骤

按照前一小节叙述的要领,把汉语句子首先分成词组或短语等基本要素单元,然后再把它们按照日语的语法结构顺序进行排列。就是说把作为谓语部分的词组或短语放到句子末尾就行了。如果是复合句的话,对其中的每个句子作分别处理就可以了。

如果<u>小张回来了</u>的话,<u>你叫他到我家来一趟</u>。

这个句子的主体虽然是"你叫他到我家来一趟",可是在"如果····的话"的中间加入了"<u>小张回来了</u>"这个句子,所以需要按照前一节介绍的方法对每个句子分别进行处理。

在上述处理结束之后,就可以把汉语的单词变换成日语的单词了。让我们先来看一个例子。对 2.1 中所示的"Ⅲ.被简短化的汉语"例文中的第一行中的中文单词,通过辞典进行检索的话,立刻就可以知道与这些词相关的日文单词的全部信息(如表 2-4 所示)。这里所使用的辞典是 CASIO 的 EW-V3700L 型,其中收录了《皇冠中日

表 2-4 从辞典中查到的日语相关单词

汉语	此类	辞典中的日语(读法)	文中的日语
相关	动词	関連する(かんれんする)	関連する
技术	名词	技術(技術)	技術
研究	名词	研究(けんきゅう)	研究
应用	名词	応用(おうよう)	応用
现代	形容词	近代的な(きんだいてきな)	近代的な
最	副词	最も(もっとも)	最も
新	形容词	新しい(あたらしい)	新しく
发展	名词	発展(はってん)	発展
主要	形容词	最重要の	おもに(副詞)
面向	动词	···のほうを向く	···のほうを向いている
高压	名词	高電圧(こうでんあつ)	高電圧
大	形容词	大きい(おおきい)	大容量(だいようりょう)
容量	名词	容量(ようりょう)	
应用	形容词	実用的な	実用的な
场合	名词	場面	場面

辞典》和《日汉大辞典》。当然如果不使用电子辞典，也可以用纸质辞典进行检索。

上述单词的词类包括名词，动词，形容词和副词。它们都属于在辞典中比较容易查找的词类。从上表中还能发现，名词无论在汉语还是日语中看起来都基本上差不多。相对来说，动词和形容词则有很大变化，例如，在汉字的后面附加上了平假名。而且，还出现了把"新しい"变成像"新しく"那样，在词尾出现变化的情况。如前所述，这类变化被称为"活用"。关于活用的相关内容，我想大家已经在基础课中学过了，这是日语用言的特有现象。另外，"大きい容量"可用"大容量"这样一个组合名词来表示。在这里，副词不存在活用。在《皇冠汉日辞典》中查与汉语"最"相对应的日语副词时，马上就出现"最も"，可是若查与"主要"相对应的日语时，则只会出现形容词"最重要の"。可是进一步查看辞典中例文的话，就可以查到副词"主に"。

从上面的例子可以得出这样一个结论，为了借助辞典正确地查找出与汉语相对应的日语单词，需要掌握三个基本知识和方法。第一是"辞典的使用方法"。使用辞典，可以直接检索名词，动词，形容词和副词。关于如何正确高效地使用辞典将在第三章中进行讲解。第二是"用言的活用"，包括动词，形容词（以及助动词）的活用型的检索，这方面的内容将在第四章中进行讲解。最后是"在辞典中难以查询的单词"的检索方法，也就是上述四种词类以外的词所对应的日语表达的检索方法。我们将在第五章对于这些词类的检索方法进行归纳总结。综上所述，具体的讲解内容总结如下。

(1) 使用辞典，检索名词，动词，形容词，副词。　　　　　　　　第 3 章
(2) 检索动词，形容词（以及形容动词）的活用型。　　　　　　　第 4 章
(3) 利用其他方法来检索辞典中难以查询的单词。　　　　　　　　第 5 章

3 辞典的使用方法

3.1 本章序言

3.1.1 练习辞典使用方法的必要性

本章主要介绍如何用辞典检索日语单词。也许大家会认为"不要开玩笑了，谁还不知道辞典的使用方法呢？"。可是要告诉大家，彻底掌握辞典的使用方法其实并不是件容易的事情。熟练地掌握了辞典的使用方法，有助于快速准确地将汉语翻译成日语。所以，尽快熟练掌握辞典的使用技巧对学习专业日语写作是非常重要的。

初高中以来，想必大家花了很多时间学习英语，学习时主要使用的是英汉辞典。这类辞典的主要功能是把英文翻译成汉语。相对而言，大家基本上不太使用汉英辞典。原因是很少遇到需要把汉语翻译成日语的情况。那么在基础日语课程的学习过程中，又是什么情况呢？应该还是基本上只使用日汉辞典而很少使用汉日辞典。基础日语课程的教科书一般都是用日语写的，为了理解其内容，日汉辞典是非常必要的，而汉日辞典则基本用不上。练习写作时也主要限于教科书或者辅助教材中所给出的单词，基本上也用不着汉日辞典。

而在专业日语课程中，要求大家通过写作把自己的研究成果用日语表达出来。这就需要找到与汉语相关内容相对应的日语单词，词组等，而这些内容多是大家在基础日语中没有学到的，必须通过汉日辞典进行检索查询。对于中国人来讲，与日汉辞典相比，汉日辞典的使用方法更难。在日汉辞典中检索日语单词时，会显示出多个相对应的汉语词汇。由于大家都是中国人，所以对出现的各种汉语词汇一看就明白了，并可以很容易地从中选出最合适的那一个。与之相比较，如果在汉日辞典中检索某个汉语单词的话，则会显示出多个对应的日语词汇。可是，想要判断哪个日语词汇更合适是非常困难的一件事。这时，就需要大家掌握如何应用汉日辞典检索出与中文词汇相

对应的日语单词，并从中选出能够正确表达文章含义的日语词汇的技巧。

3.1.2 可以在辞典中直接查到的词类

在汉日辞典或者汉英辞典中检索外语单词时，可以直接检索得到的单词一般是"可以单独使用并且具有具体意义的词类"。在汉语语法中，把它们称为"实词"。实词以外的词则被称为"虚词"。实词和虚词所包含的词类大致如下：

实词：名词，动词，形容词，数词，量词，代词。

虚词：副词，介词，（助动词），连词，助词，象声词，感叹词。

汉语中的助动词往往被归类为动词，所以这里用"（ ）"进行了标记。实际上，汉语中很多助动词是具有某种具体意义的。

在辞典中检索虚词时，出现的往往只是该词在不同场合的使用说明。词典中通常是把各种用法尽可能地排列出来，使人看了也不知道该选哪一个才好。因此对虚词来讲，与其通过查辞典，还不如通过有代表性的例句来学习其使用方法更为有效。我们将在第五章对虚词进行专门讲解。另外，实词中的数词，量词，以及代词的使用方法及规则也很有限，关于这三种实词也将在第五章中进行说明。

在本章里，我们主要讲解如何在辞典中对名词，动词，以及形容词这三种词类进行检索的技巧。

本书中关于辞典检索具体操作的讲解主要基于 CASIO 生产的 EW-V3700L 型电子辞典，其中收录了《皇冠汉日辞典（三省堂）》和《日汉大辞典（讲谈社）》。当然，即使不使用电子辞典，而使用纸制的辞典，也可以遵循类似的流程来进行检索。只不过从使用效率上来讲，电子辞典大大优于纸质辞典。为了节省时间提高效率，建议大家尽早购买一部电子辞典。

重视电子辞典和电脑的使用

辞典是学习外语必不可少的工具。以前，在电子词典出现之前，使用纸质辞典查询单词的意思和用法通常要花费很多时间。外语学习简直就成了"和辞典的斗争"。使很多人半途而废，放弃外语学习的原因大多都是因为查询辞典非常麻烦，并由此对学习产生厌倦感。随着电子辞典的出现和普及，人们已经可以在很大程度上从繁琐的词典检索中解放出来。正确地利用电子词典可以使查词典的劳动量和时间比使用纸质词典节省九成。

现在，电子词典已经非常普及，即使是学生也基本上都能买得起。一般具有"汉日"，"日汉"，"汉英"，"英汉"，"国语"，"汉字"等多功能电子辞典的定价大概在 1800 元左右。虽然不能算是很便宜，不过如果设想你用两年时间（730 天）来学习

日语，那么买电子词典的投资则相当于每天2.2元左右。俗话说"时间就是金钱"。如果按照下面估算的利用电子辞典可以节约很多时间的角度来考虑，1天2.2元的投资则是非常值的。

纸质辞典和电子辞典在检索速度上有极大的差异。用电子词典查找一个单词只需纸质辞典查寻时间的1/4还不到。此外，还可以利用电子词典的"跳查功能"来查询相关联的语句或者习惯用语，而且通常只需要摁一下按钮就可以了。而用纸质辞典却要不停地来回翻阅查询，耗费大量时间和精力。一般的电子词典都有一些便利的功能，例如，可以在查询了关联语句之后返回到原来的地方，同时还可以在不同的辞典之间来回转换。这样综合考虑的话，使用电子词典检索单词的时间大概可以缩短为纸质词典的1/10。把这个时间差累计起来的话，是相当可观的。

通常，现在的电子辞典都非常小巧，除日语辞典以外，一般还收录了英语辞典以及汉字字典。只要手里有这样一部电子词典，就没有必要携带多册厚重的纸质辞典了。而且在电车或者公交车上都可以很方便地使用。所以我建议大家在刚开始学习日语时最好买一部电子词典。顺便说一下，作为日本人的我，从6年前开始学习汉语时就购买了收录有汉语，英语和日语的电子辞典，并且直到现在我还每天都在使用。

另外，理工科的学生或技术人员，在学习或者工作时一定离不开电脑。在装有微软"Word"这样的文书处理和办公软件的电脑上，大家可以轻松地编写报告书或论文。这时，利用拼音输入法输入拼音字母后，就可以变换成与发音相对应的几个汉语词组作为候选项，使用者再从中找出意义相符的汉字或词组。我相信大家一定都非常熟练地掌握了这种输入方法。这样的输入方法的便利之处在于，即使你不完全记得笔划繁琐的汉字的写法，也可以顺利地完成写作。

"Word"是具有多种语言功能的通用软件，当然也有日语版的Word。它的使用方法基本上和中文版相同。也是先把与罗马字相对应的字母输进去，然后再从出现的候选项里选择所需要的词汇或习惯用语。所以，即使不了解日语汉字细微部分的写法，只要有个大概印象，也能从选项中选择出正确的汉字。同时，Word所具备的语法查错功能可以帮你把错误的地方表示出来。明显错误的部分会用红色下划线，稍有不妥的地方会用绿色下划线标记出来。

通过熟练掌握电子辞典和电脑的用法，能够提高日语的学习效率，获得更好的学习效果。同时，在现代社会中，电子辞典和电脑也将是伴随大家一生的必不可少的工具。在此，我极力建议大家在开始学习之前就准备好一部电子辞典。

3.2 名词的检索方法

3.2.1 汉日辞典和日汉辞典的并用

首先，请大家尝试一下检索例文 2.1 中第一行的名词"研究"。
○在汉日辞典中输入"yanjiu"的话，辞典画面的左侧会出现单词列表，把光标移到"研究"上以后再按下 输入 键，就会出现表 3-1 所显示的画面。

表 3-1　汉日辞典的画面（研究）

【研究】yanjiu
①〈名〉〈動〉研究（する）
②〈動〉検討する，討議する

①栏中的『〈名〉〈動〉研究（する）』表示汉语中的"研究"可以用来做名词或者动词。并且，对应的日语如果是名词的话是"研究"，如果是动词的话则是"研究する"。不过，单从这个画面我们还无法知道日语中"研究"这个词的发音。为此，接下来进行以下操作。
○按下 单词跳查 键后，把光标移动到①栏中的"研究（する）"的前面按下 输入 键。
➤出现跳查辞典的列表。
○把光标移动到日中辞典上按下 输入 键。
➤把光标放到『A けん-きゅう【研究】』上时，会出解释页面的一部分。
○按下 输入 键后，出现下面的画面。

表 3-2　日汉辞典的画面（研究）

けん-きゅう【研究】
（名・サ変他）研究。research ; study

首先可以知道"研究"的读法是"けん-きゅう"。"-（连接号）"表示"研"的读法是"けん"，"究"的读法是"きゅう"。接下来，『（名・サ変他）』表示这个词可以作名词使用，同时也可以作为サ行变格活用的他动词使用。接下来是相应汉语词义"研究"和英语词义"research; study"。这样，大家就明白了汉语中"研究"这个词对应的日语是"研究"了。

接下来，让我们来进一步检索一下表3-1中②所对应的相关词汇。
○在表3-2的画面状态下，按下 退出 键返回到之前的画面。
　➤ 退出 键按两次，则返回到表3-1的画面。
○在 单词跳查 的状态下把光标移到"検討する"的前面按下 输入 键。
　➤出现跳查辞典的列表。
○把光标移到日汉辞典上按下 输入 键。
　➤把光标放到『A けん−とう【検討】』上时，会出现解释页面的一部分。
○按下 输入 键后，出现以下画面。

表3-3　日汉辞典的画面（検討）

けん−とう【検討】
（名・サ変他）研讨。研究。探讨。examine

由此可知，日语的"検討"的读法是"けん−とう"，对应的汉语是"研讨，研究，探讨"，对应的英语是"examine"。于是，若想表达英语意思为"examine"的汉语单词"研究"时，则选择日语"検討する"就可以了。

此外，"検討"的后面还标有『（名・サ変他）』，也就是说这个词既可以作名词使用又可以作サ行变格活用的他动词使用。

顺便再回到表3-1，把最后表示的"討議する"这个词也检索一下。
○在表3-3的画面状态下，按下 退出 键返回到之前的画面。
　➤ 退出 键按两次，则返回到表3-1的画面。
○在 单词跳查 的状态下把光标移到"討議する"的前面按下 输入 键。
　➤出现跳查辞典的列表。
○把光标移到日汉辞典上按下 输入 键。
　➤把光标放到『A とう−ぎ【討議】』上时，会出现解释页面的一部分。
○按下 输入 键后，出现以下画面。

表3-4　日汉辞典的画面（討議）

とう−ぎ【討議】
（名・サ変他）讨论。‥‥（中略）‥‥discussion

也就是说"討議"是"讨论，discussion"的意思。这样，从汉日辞典跳跃进入到

日汉辞典，就可以明确单词的含意了。

通过以上的讲解，我们学会了如何针对汉语词汇，正确选择恰当的对应日语单词的技巧。

- 在汉日辞典中出现的日语单词如果在日汉辞典中进一步检索的话，就可以知道单词的读法。
- 在日汉辞典中可以确认单词的词类，还可以更加明确地理解单词的含意。

可以想象，如果在纸质辞典进行以上的检索肯定要花费大量的时间。所以，才建议大家尽快购买一部电子辞典。

3.2.2 汉语和日语的名词的共通性

接下来，在汉日辞典中对"应用"这个词进行检索。检索后，立刻会出现以下画面。

表3-5 汉日辞典中的画面（应用）

```
【应用】yingyong
①〈动〉使用する，用いる
········(中略)········
②〈形〉応用がきく，実用的な
```

这里只出现了动词和形容词，而没有出现名词。可是在例文2.1中第一行的"应用"应该是名词。这又是怎么回事呢？实际上，辞典并不是完美无缺的，尤其因为语言是一门非常复杂的学问，无论什么样的辞典都存在着"缺陷"。

其实，②栏中的日语单词"応用"的字体与汉语中的"应用"非常相似。这两个单词本来就是有相同的意思，很久以前它们的汉字写法都是一样的。在汉语和日语中，像这样的例子非常多。为了进一步了解日语中"応用"的含义和用法，我们继续进行下面的操作。

○按下 单词跳查 键后，把光标移动到②栏中"応用がきく"的前面按下 输入 键。

➤出现跳查辞典的列表。

○把光标移动到日汉辞典上按下 输入 键。

➤把光标放到『A おう-よう【応用】』上时，会出现解释页面的一部分。

按下 输入 键后，出现以下画面。

表 3-6　日中辞典中的画面（応用）

```
おう-よう【応用】
（名・サ変他）应用。使用。
```

这就表明，日语中"応用"这个词也可以作为名词使用，还可以作为サ行变格活用的他动词使用。因此，在例文 2.1 的日语翻译中把"応用"作为名词使用。

接下来，让我们尝试在汉日辞典中检索一下尚未出现过的"环境"这个名词。检索后，立刻会出现表 3-7 所示的画面。

表 3-7　汉日辞典中的画面（环境）

```
【环境】huanjing
〈名〉
①周り，周囲                         例句
②周りをとりまく環境                   例句
```

在日汉辞典中检索上表中的第一个对应词汇"周り"的话，会出现下面的画面。

表 3-8　日汉辞典中的画面（周り）

```
まわり（まはり）【周り】
（名）
①周围，四周。surroundings
②附近，就近。neighborhood
```

汉语的"环境"一词并没有出现。连英语的"environment"也没有。回到表 3-7 对"周囲"进行检索也是同样的结果。

再次回到表 3-7 的画面，注意看②的解释，就会发现这里出现了"環境"这样的文字。实际上汉语中的汉字"环"，在日语中写成"環"。就是说"环境"其实就是"環境"。按照下面所示的操作对例句进行查询的话会更加了解这一点。

○按下 例句・解释 键后，①栏的 例句 会变成黑色，再按下 输入 键后就会出现下面的例文。

　　环境卫生＝環境衛生

○把光标往下移动的话，②栏中的 例句 会变成黑色，按下 输入 键后就会出现下面的例文。

　　恶劣的环境＝劣悪な環境，适应环境＝環境に適応する，环境污染＝環境污染

顺便把例句中出现的日语汉字改写成汉语汉字的话，我们就会得到以下的对应关系：

衛生→卫生，劣悪→恶劣，適応→适应，汚染→污染

除了"劣悪"这个词的两个汉字顺序颠倒了以外，汉语与日语单词基本上是完全对应的。实际上它们原来都是同样的单词。从这些词组和习惯用法也可以看出"环境＝環境"。

这样，在表3-7所表示的画面中把光标移到「② 周りをとりまく環境」的「環境」上后，利用 单词跳查 功能在日汉辞典中对"環境"进行检索的话，就会出现下面的画面。

表3-9　日汉辞典中的画面（環境）

かん-きょう【環境】
环境
①泛指生物生活场所周围的状态。对人来说，可分为自然环境和社会环境等。environment

从上面表示的关于"应用"和"环境"的例子可以看到，汉语和日语的汉字之间存在共通性。利用这种对应关系，可以简单地检索到相关的日语单词。因此，与之相关联的第二个技巧可以总结如下。

・从汉日辞典中查到的日语单词中，选择汉字相似的单词。
・特别是对于只有2个汉字构成的单词，日语与汉语完全相同的情况非常多。

日本的汉字是从中国引进来的，共通的单词非常多。不过两国都分别对汉字进行了简略化，结果就使得两种语言中的汉字看起来不大一样了。尽管如此，只要稍微习惯一下，就基本上能看明白。下面举一些例子。

表3-10　汉语和日语汉字的比较

汉语	日语	汉语	日语
茶	茶	欢迎	歓迎
客人	客	环境	環境
电车	電車	生产	生産
牛肉	牛肉	阴阳	陰陽
种类	種類	学校	学校
调查	調査	成功	成功
病	病気	运动	運動

通常，只要知道了汉字中的一部分（部首）之间的对应规则，就可以简单的推测出它们之间的相互对应关系。下面的表里给出了这样的一些例子。"⇔"的左侧是日语汉字，右侧是对应的汉语汉字。由此，不难看出两种汉字的部首之间具有明显的共通性。

表 3-11 部首对应的例子

歡⇔欢，観⇔观，権⇔权	識⇔识，職⇔职，織⇔织
環⇔环，還⇔还，懷⇔怀	貝⇔贝，見⇔见，遺⇔遗
漢⇔汉，難⇔难，灘⇔滩	覽⇔览，緊⇔紧，監⇔监
車⇔车，輪⇔轮，軟⇔软	鳶⇔鸢，鳴⇔鸣，島⇔岛

3.3 动词的检索方法

3.3.1 从辞典中查询动词的特性

动词的检索方法基本上和名词的检索方法相同。首先用下面的方法检索一下与"吃"相对应的日语动词。

○在汉日辞典中输入"chi"，然后把光标移动到"吃"上后按下 输入 键。
  ➤出现在动词列表中的第一个词是"食べる"。
○按下 单词跳查 键，把光标移动到"食べる"的前面，然后按下 输入 键。
  ➤出现跳查辞典的列表。
○把光标移动到日汉辞典上，按下 输入 键。
  ➤把光标放到『 A た・べる【食べる】』上时，会出现解释页面的一部分。
○再次按下 输入 键后，会出现以下的画面。

表 3-12 日汉辞典中的画面（食べる）

```
た・べる【食べる】
（下一他）
1 吃。「食う」的礼貌说法。eat
¶ ごはんを～ / 吃饭。
```

这样，我们就知道"食べる"的读法是"た・べる"。"・"之前的部分"た"被称

为词干，后面的"べる"被称为活用词尾。词干部分不发生变化，而活用词尾则是根据语义发生变化的部分。关于活用，大家在基础日语课程中已经学习过了。动词的活用形有5种，分别如下所示。

上一段活用，下一段活用，五段活用，サ行变格活用和力行变格活用

表3-12中第二行的（下一他）的"下一"表示这个动词是属于"下一段活用"。另外，"他"表示这个动词是他动词。所谓他动词，就是后面要连接目的语的动词。而不需要与目的语连接的则称为自动词。另外，例文中的"～"表示该单词，"ごはんを～/吃饭。"也就相当于"ごはんを食べる/吃饭。"的意思。如果对文中的"ごはん"，按下 单词跳查 后把光标移动到"ごはん"前面，再按下 输入 的话，则会出现"御飯"这样的汉字，从而就可以知道它相当于汉语中"饭"的意思。

同样，检索"喝"这个单词后会出现以下的画面。

表3-13　日汉辞典中的画面（飲む）

```
の・む【飲む・呑む】
（五他）
1 ＜亦作「喫む」＞喝。吞。饮。drink
¶ コーヒーを～ / 喝咖啡。
```

"飲む"的读法是"のむ"，词干部分是"の"，活用词尾是"む"。下一行中的（五他）是指这个动词是他动词，活用类型属于"五段活用"。另外日语中的"飲"和汉语中的"饮"原本是同样的汉字。一般来讲，对象为液体的情况往往用"飲む"，固体的情况往往用"呑む"。

表3-14　动词的检索结果

汉语	日语	平假名	罗马字	自/他	活用型
吃	食べる	た・べる	taberu	他	下一
喝	飲む	の・む	nomu	他	五
看	見る	みる	miru	他	上一
起	起きる	お・きる	okiru	自	上一
游泳	泳ぐ	およ・ぐ	oyogu	自	五
出	出る	でる	deru	自	下一
做，办	する	する	suru	自・他	サ变
来	来る	くる	kuru	自	力变

按照以上操作，对其他的一些动词所进行的检索结果整理如下表 3-14。其中，在平假名栏中没有"·"的词是只有活用词尾的动词。

使用日语动词时，除了读法以外，还必须正确区分该动词的词干和活用词尾，并掌握其活用形式。像前面叙述的那样，先通过汉日辞典检索相应的日语单词，然后再利用日汉辞典进行检索，就可以了解相关日语动词的正确用法了。

3.3.2 两个汉字构成的动词

在汉日辞典中检索动词时，也会同时出现几个语义相关的日语单词。我们还须从这些词中选择一个最贴切的日语单词，再通过日汉辞典检索其特点，活用形式及用法等。那么，哪个词才是最佳选择呢？借鉴名词检索的做法，我们可以首先选择看起来和汉语词组相近的日语单词。

在汉语例文 2.1 中，出现了很多这样的由 2 个汉字构成的动词。汉语中有很多像这样由 2 个汉字构成的动词，尤其在理工科的论文中更是经常出现。同样，在日语的专业文献中，这样的单词也是经常出现的。以下是被经常使用的几个例子。

「减少」，「变换」，「分析」，「论述」，「进行」，「提出」，「选择」，「控制」，「改造」，「采用」

在汉日辞典中对"减少"这个动词进行检索，可以得到以下画面。

表 3-15　汉日辞典中的画面（减少）

```
【减少】jianshao
〈動〉
減らす，減少する
```

接下来，如果继续检索"減らす"的话，则按下 单词跳查 键进入日汉辞典后，会出现以下画面。

表 3-16　日汉辞典中的画面（減らす）

```
へら·す【減らす】
（五他）减。减少。削减。缩减。decrease
```

这样就可以知道"減らす"属于五段活用动词，对应汉语中的"减，减少，消减，缩减"，也对应英语的"decrease"。这样的检索结果还算不错。不过出现了多个对应的汉语单词，这说明"減らす"这个单词具有较广的词意。

另一方面，如果把光标移动到"减少する"的前面进入日汉辞典后，会出现下面的画面。

表 3-17　日汉辞典中的画面（减少）

> げん-しょう【減少】
> （名・サ变他）减少。decrease

这个词与前面检索的「研究」，「検討」，「討議」，「応用」属于同样的类型。就是说这个词即可以做名词使用，又可以做サ行变格活用动词使用。这里，与 2.1 的例文中 2 个文字构成的汉语动词相同，都是サ行变格活用动词。

表 3-18　例文 2.1 中由 2 个汉字构成的动词及对应的日语单词

汉语⇒日语（读法）	汉语⇒日语（读法）	汉语⇒日语（读法）
变换⇒変換（へんかん）する	分析⇒分析（ぶんせき）する	论述⇒論述（ろんじゅつ）する
进行⇒進行（しんこう）する	提出⇒提出（ていしゅつ）する	选择⇒選択（せんたく）する
控制⇒コントロールする	改造⇒改造（かいぞう）する	采用⇒採用（さいよう）する

除了"コントロールする"以外，其他汉字都属于中日两国共通的汉字。日本在引进中国的汉字时，名词就按照汉语名词的用法使用。而作为动词使用时，则按照日语的动词语法规则，在汉语的动词后面加上"する"，将其变成サ行变格活用的形式后再使用。利用这一点，就可以比较容易地把汉语的动词翻译成为日语了。而且活用的形式也只有サ行变格这一种，所以相对来说比较容易掌握。

不过要特别注意，动词从中国流传到日本之后，有些动词的意义发生了微妙的变化。表 3-18 的动词"进行"就是这样的例子。在汉日辞典中检索"进行"时，只会出现"行う"这个动词。而在日汉辞典中检索"行う"的话，则对应的英语是"do, carry out"。与之相比较，在日汉辞典中检索"進行"的话，对应的英语是"advance"。就是说日语中的"進行"更接近汉语动词"前进"的意思，而与"进行"却不尽相同。

接下来说明一下表 3-18 中的"控制"的对应日语词汇为什么不用汉字的理由。"コントロール"的语源是英语的"control"。在日本，汉语以外的外来语在作动词使用时也是在后面附加"する"。就是说，适用于汉语的方法，现在也同样适用于其他的所有外来语。其他的例子还有，把「test」写成「テストする」，把「care」写成「ケアする」等。比较有意思的是"朝マックする"这个动词。"朝"是"早上"的意思，"マック"是"Macdonald（麦当劳）"的意思。就是说"朝マックする"是表示"在麦当劳吃

表 3-19 "する"型动词的例子

汉语⇒日语（读法）	汉语⇒日语（读法）	汉语⇒日语（读法）
运动⇒運動（うんどう）する	测量⇒測量（そくりょう）する	建筑⇒建築（けんちく）する
沸腾⇒沸騰（ふっとう）する	跳跃⇒跳躍（ちょうやく）する	调查⇒調査（ちょうさ）する
欢迎⇒歓迎（かんげい）する	生产⇒生産（せいさん）する	成功⇒成功（せいこう）する
失败⇒失敗（しっぱい）する	胜利⇒勝利（しょうり）する	感动⇒感動（かんどう）する

早饭"意思的一个动词。像这样的"する型"的动词还有很多。以下再列举一些例子。

在表 3-18 所列举的"する型"的动词中，只有"变换する"在汉日辞典中无法被直接查到。由于没有完美的辞典，这是时有发生的现象。下面介绍出现这种情况时，如何进一步检索与汉语动词相对应的日语单词。

首先在汉日辞典中检索"变换"的话，会出现下面的画面。

表 3-20 汉日辞典的画面（变换）

```
【变换】bianhua
〈動〉
転換する，きりかえる。
```

结果是"变换する"没有出现，出现的却是"転換する"。作为相关联的日语单词，"転換する"在一定程度上也具有汉语"变换"的意思。不过，我们还是想尝试确认一下在日语里动词"变换する"是否真的不存在。

进一步检索包含"变"这个字的单词，可以查到与"变化"对等的日语动词，读作"变化（へん-か）する"。可知"变"的读法是"へん"。接下来，再检索包含"换"字的单词，则查到"交换"所对应的日语动词是"交换（こう-かん）する"，并且"换"的读法是"かん"。接下来在日汉辞典中输入"へんかん"的话，就会出现以下画面。

表 3-21 日汉辞典中的画面（变换）

```
へん-かん【变换】
（名・サ变自他）
1. 变换。变化。变更。
```

这就表明了"变换する"这个日语单词确实存在，并且它的意思和汉语的"变换"是相同的。

在此，我们可以把以上所讲解的关于动词的检索方法总结如下：

- 理工科的论文中由 2 个汉字构成的动词经常出现。
- 这些动词往往附加上"する"的话就可以变成日语的动词。
- 这些动词在日语中往往具有与汉语动词同样的意思。
- 这些动词全都属于サ行变格活用动词，并以同样的变化形式进行活用。
- 在汉语的写作阶段，如果使用 2 个汉字构成的动词的话，就比较容易翻译成日语。

3.4 形容词的检索方法

3.4.1 形容词和形容动词

表示物质的性质或者状态的用言被称为形容词，在日语中，根据形态的不同又分成形容词和形容动词两种词类。不过它们在"功能上"基本相同，所以在本小节中对两者一起进行总结说明。

使用汉日辞典检索"漂亮"这个形容词，会出现下面的画面。

表 3-22　汉日辞典的画面（漂亮）

【漂亮】piaoliang
〈形〉
①美しい，きれいだ

就是说对应"漂亮"的日语形容词是"美しい"，或者"きれいだ"。接下来，在日汉辞典中对"美しい"进行检索。

○按下 单词跳查 键，把光标移动到"美しい"前面，然后按下 输入 键。
➤出现跳查辞典的列表。
○把光标移动到日汉辞典上按下 输入 键。
➤把光标放到【美しい】上时，会出解释页面的一部分。
○再次按下 输入 键后，会出现以下的画面。

由此可知，其读法是"うつくしい"，"·"前面的部分是词干，后面的"い"是活用词尾。记号"形"表示"美しい"的词类是形容词，接下来的内容是对该词主要意思的解释。第一个意思对应的是英语中的"beautiful"或者"pretty"，第二个意思对应的是"fine"或者"pure"。形容词也和名词一样，可以利用日汉辞典中附带显示的英语单词来理解它们的意思。

表 3-23　日汉辞典中的画面（美しい）

```
うつくし・い【美しい】
（形）
1 美丽的。悦目的。装饰得漂漂亮亮的。beautiful ; pretty
¶ ～人 / 美人。～音楽 / 优美的音乐。～景色 / 美丽的风景。
2 美好的。美妙的。高尚的。善良的。fine ; pure
¶ ～心がけ / 心地善良。～友情 / 美好的友情。····
```

接下来，在日汉辞典中对"きれいだ"这个词进行检索。

○在表 3-23 画面的状态下，按下 退出 键的话就会回到前一个画面。

➤按两次的话会回到表 3-22。

○按下 单词跳查 键，把光标移动到"きれいだ"的前面，然后按下 输入 键。

➤出现跳查辞典的列表。

○把光标移动到日汉辞典上按下 输入 键。

➤把光标放到【きれい】上，会出解释页面的一部分。

○再次按下 输入 键后，会出现以下的画面。

表 3-24　日汉辞典中的画面（きれい）

```
き-れい【綺麗・奇麗】
（形動）
1 美丽。悦目。好看。beautiful ; fine
¶ ～な景色 / 美丽的风景。～におどる / 跳得漂亮。
2 洁净。干净。clean
¶ ～な洗濯物 / 洗干净的衣服。··········
```

这个画面显示的是"きれい"，"だ"被省略掉了。在【　】中出现了两个日语汉字词组，都没有包含平假名。"綺麗"这个日语词组相当于汉语的"绮丽"。它们在汉字被简略化之前是完全相同的。另外，表示发音的平假名写成了"き-れい"，由此可以知道"綺"的发音是"き"，"麗"的发音是"れい"。

「綺麗（きれい）」是「きれいだ」这个单词的词干，在辞典中并没有标出活用词尾。这里，与「研究（する）」，「応用（する）」那样的「する型」的动词采取了同样的表示方法。接下来，第二行（形动）表示这个单词的词类是形容动词。后面是这个单词意思的解释。

将表 3-23 和表 3-24 进行比较的话，可以知道第一条的意思基本上完全相同。

我们甚至可以发现，记载的例文"美丽的风景"都是完全相同的。可是如果仔细看一下的话，就会发现"美しい"＝"美丽的"，而"きれい"＝"美丽"。就是说前者有"的"，而后者没有。另外，"美しい"的日语例文是"～景色／美丽的风景"，而"きれい"的例文是"～な景色／美丽的风景"。就是说后者有"な"，而前者没有。从这些用法上的不同，我们就可以把日语的"美しい"分类为形容词词类，而"きれいだ"分类为形容动词词类。这样，尽管从意思上看两者都应该属于形容词，可是因为活用形的不同，它们却分别属于不同的词类。关于这一点将在第四章中作更加详细的说明。

接下来让我们检索一下2.1的例文中出现的"详细"这个形容词。在汉日辞典输入该词后，出现了以下画面。

表3-25　汉日辞典中的画面（详细）

【详细】xiangxi
〈形〉
詳しい，詳細だ。

再通过日汉辞典对"詳しい"进行检索的话，就会出现下面的画面。

表3-26　日汉辞典中的画面（詳しい）

くわし・い（くはしい）【詳しい・委しい・精しい】
（形）
1 详细的。详密的。minute
¶ ～説明／详细说明。……

另外，在日汉辞典中对"詳細だ"进行检索的话，就会出现以下关于"详细"的解释画面。

表3-27　日汉辞典中的画面（详细）

しょう-さい【詳細】
（名・形動）详细。详情。details
¶ 事実を～に述べる／详细叙述事实。

这里，"詳細"也可以作为名词使用。与3.2中所叙述的"する型"动词的情况比较相似。如前所述，尽管"する型"动词原本是从汉语变化过来的，不过为了符合日语的动词规则，在后面附加上了"する"，而这些词同时也可以作为名词使用。很多形容动词的语源也是汉语的形容词，而在日语中作为形容词使用时，则须在它们的后

面附加上词尾"だ"，这些词也往往做为名词使用。

另一方面，日语的形容词"美しい"或者"詳しい"原本就是日语的单词。所以，汉字的读法是"训读"。形容动词的情况则是，汉语起源的单词为"音读"，而日语原来固有的单词为"训读"。

3.4.2 便利的形容动词

通过以上叙述，我们就可以知道如果把汉语中有2个汉字构成的形容词尽量翻译成日语形容动词的话，翻译后的文章就更容易让人理解。实际上，理工科的论文中，这种形容动词也是经常被用到的。另一方面，对汉语中由1个汉字构成的形容词，在翻译成日语时，则最好译成形容词，这样文章会显得更自然。日语中的很多形容词都是由一个汉字和平假名构成的。

下表列举的是汉语起源的形容动词的例子。

此外，还有一种比较常用的形容动词类型，就是在名词的后面附加上汉字"的"。往往与汉语的"○○性"的单词相对应。以下列举几个例子。在它们的后面加上"だ"

表3-28 汉语起源的形容动词的例子

汉语⇒日语（读法）	汉语⇒日语（读法）	汉语⇒日语（读法）
浓厚⇒濃厚（のうこう）だ	精密⇒精密（せいみつ）だ	明确⇒明確（めいかく）だ
紧密⇒緊密（きんみつ）だ	坚牢⇒堅牢（けんろう）だ	高速⇒高速（こうそく）だ
优雅⇒優雅（ゆうが）だ	有害⇒有害（ゆうがい）だ	温和⇒温和（おんわ）だ
元气⇒元気（げんき）だ	高价⇒高価（こうか）だ	正确⇒正確（せいかく）だ
强硬⇒強硬（きょうこう）だ	圆满⇒円満（えんまん）だ	爽快⇒爽快（そうかい）だ

表3-29 附加上"的"的形容动词

汉语	日语（读法）	汉语	日语（读法）
社会性	社会的（しゃかいてき）	科学性	科学的（かがくてき）
逻辑性	論理的（ろんりてき）	平民性	庶民的（しょみんてき）
悲剧性	悲劇的（ひげきてき）	突然发生	突発的（とっぱつてき）
实用性	実用的（じつようてき）	美国式	アメリカ的
艺术性	芸術的（げいじゅつてき）	压倒的	圧倒的（あっとうてき）
国际性	国際的（こくさいてき）	家庭型	家庭的（かていてき）

的话，就表示形容动词的活用。

总结以上讲解，形容词的检索方法和使用技巧可整理如下。

・对于汉语中由 1 个汉字构成的形容词，在日语中也选择形容词。
・2 个汉字构成的形容词，往往附加上"だ"以后就可以成为日语的形容动词。
・这样的形容动词，往往在日语论文中也具有相同的意思。
・在汉语文章的写作阶段，使用 2 个汉字构成的形容词的话，会更加容易翻译。

形容动词还有另外一个便利的特点。那就是，助词和助动词的附加形式与名词的情况非常相似。关于这一点，会在第四章里进行详细说明。

4 用言的活用

4.1 动词的活用

4.1.1 概要

　　日语中，在句尾处会根据不同情况发生很复杂的变化。以动词句结尾的句子称为"终了形"。终了形往往都是①所表示的形式。句尾的结尾语是助动词或者助动词和助词的组合。结尾语有非常多的种类，它们起着给句子"赋予意义"的作用。例如，否定，可能，使役，假定等。动词的活用词尾根据结尾语而变化。

　　①终了形：「········[动词的活用形] ＋ [结尾语（助动词，助动词＋助词）]。」

　　如果句子不是以动词句结尾，而还要连接后续其他句子的话，则往往是②所表示的形式。这种场合的结尾语被称为接续助词。这种形式在这里成为"接续形"。接续助词也有很多种类，它由句子或者文章的前后文关系所决定。同样，动词的活用形根据接续助词的种类而变化。

　　②接续形：「········[动词的活用形] ＋ [结尾语（接续助词）]，········」

　　因此，为了理解动词的活用形式，既需要根据动词的变化形式，又必须着眼于助动词和接续助词具有的"赋予句子意义"这个功能，进行综合考虑。在本小节中，选出几个典型的通过助动词和接续词"赋予句子意义"的例子，从而解说"在什么情况下应该怎样进行变化"。

　　如 3.4 所述，动词的活用形有以下 5 种类型。（　）中的文字代表辞典中所用的省略形式。

- 上一段活用　　（上一）
- 下一段活用　　（下一）
- 五段活用　　　（五）

- サ行変格活用 （サ变）
- カ行変格活用 （カ变）

4.1.2 结尾语的赋予意义作用

A. 终了形的场合

我们以"食べる（吃）"为例，对"赋予意义作用"和结尾语以及相对应的活用形，在表 4-1 中进行说明。"食べる"属于下一段活用动词。

第三列表示赋予意义的类型，第四列表示对应的结尾语。这些结尾语适用于上一段活用和下一段活用动词。对于其他活用形动词的情况，所使用的结尾语与标记有"＊"栏中的结尾语会有所不同。相关内容将在后面介绍。右侧分别给出汉语和日语的例句。日语例句的粗体字部分表示了"食べる"的活用形，下划线表示结尾语。在汉语例句中，相对应的赋予意义的部分也标记有下划线。

补充：关于对应赋予意义的单词的词类

在日语语法中，也有把结尾语再分割成各种词类的说法。例如，

- 「ている」：可看成是接续助词「て」和辅助动词「いる」相连接而成的词。

表 4-1 终止形的句型所发生的变化（终了形）

		赋予意义	结尾语	汉语的例文	对应的日语
终了形	O	原型	——	我吃面包。	私はパンを食べる。
	A	否定形	ない	我不吃面包。	私はパンを食べない。
		使役形	させる＊	我让(孩子)吃面包。	私は(子供に)パンを食べさせる。
		被动形	られる＊	面包被我吃。	パンは私に食べられる。
	B	过去形	た＊	我(昨天)吃面包了。	私は(昨日)パンを食べた。
		进行形	だ＊	我在吃面包。	私はパンを食べている。
	C	希望形	たい	我想吃面包。	私はパンを食べたい。
	D	推测形	だろう	他好像吃面包吧？	彼はパンを食べるだろう。
		传闻形	そうだ	听说，他吃面包。	彼はパンを食べるそうだ。
	E	可能形	られる＊	我能吃面包。	私はパンを食べられる。
				这个面包可以吃。	このパンは食べられる。
		命令形	——	吃面包吧？	パンを食べろ。
	F	意愿形	よう＊	我来吃面包。	私がパンを食べよう。
		劝诱形	よう＊	咱们吃面包吧。	パンを食べよう。

- 「だろう」：可看成助动词「だ」的推测形「だろ」和助动词「う」相连接而成的词。

尽管在语法中确实有这样的说法，可是一般日本人都习惯于把「ている」或者「だろう」作为一个整体来考虑。如果把它们分解开来进行解释的话，反而容易引起混乱，我们在本书中也将其按照一个整体的结尾语来进行说明。

不过，如果是出现多重赋予意义的情况，有时也必须考虑结尾语的词类。例如，意愿形的「たい」和否定形的「ない」进行连用时，必须考虑助动词「たい」的活用形，从而写成「たくない」才符合日语规范。关于这一点将在4.4进行详细说明。

B. 接续形的场合

在接续形中"食べる"的活用形可以归纳为下表4-2。表的各项排列方式与表4-1相同。

G是在句子的后边还会连接其他带有谓语语句的情况。在汉语中表示连接的词语可以出现在句子中的很多位置，可是日语中只会出现在动词的后面。另外，在H中动词的作用是修饰二重线所表示的名词。H中最后一栏中的"こと"是与"事"对应的名词，通过动词修饰"こと（事）"这个词所形成的这种形式，可以使动词名词化。这个句子中，谓语是"喜欢（好きだ）"，它的目的语是"吃面包（パンを食べる）"，可是由于"吃（食べる）"是动词，不可以做目的语。这时，通过附加「こと」这个名词就可以使动词名词化。在日语中，无论是对话还是文章，这个句型都被经常使用。

在句子的结尾处形成接续型并且如果用","进行连接的话，可以使语句变得很长，不过，过长的语句不容易被人理解。作为闲聊，这里有一个小故事，日本著名诗人宫泽贤治曾经写过一篇非常有名的文章。那篇文章中出现一个由289个字组成的句子（其中用了很多","进行接续），而在句子的结尾处用了希望型「たい。」。假如用否定·

表4-2　接续形句型所发生的变形

	赋予意义	结尾语	汉语的例文	对应的日语
	O 原形	——	我吃面包。	私はパンを食べる。
接续型	G 顺接形	て*	我吃面包，<u>然后</u>就寝。	パンを食べ<u>て</u>寝る。
	转折形	が	我吃面包，<u>但</u>不喝水。	パンを食べる<u>が</u>，水を飲まない。
	因果形	ので	<u>因为</u>我吃面包，……。	パンを食べる<u>ので</u>，……。
	假设形	れば*	我吃面包<u>的话</u>，……。	パンを食べ<u>れば</u>，……。
	H 修饰形	——	我吃<u>的</u>面包。	私が食べる<u>パン</u>。
	名词化	——	我喜欢吃面包。	パンを食べる<u>こと</u>が好きだ。

希望型「たくない。」的话，句子的意思就变得完全相反了。也就是说，读这篇文章的人直到读完整个句子后，才能理解作者到底是"想"还是"不想"。

日语的这种特征其实并不适用于重视明确性的理工科类的文章。所以，大家在进行写作时，要尽量把文章按照适当的长度进行划分，相对比较短的句子更容易被人理解。

4.1.3 各种类型的活用形

A. 上一段活用和下一段活用

现在以表 4-3 中所示的 4 个动词为例，对上一段动词和下一段动词进行说明。一段活用动词的活用词尾包含 2 个字（或平假名），并且都以平假名「る」结尾。「る」前面的字属于「い段」或者「え段」。属于「い段」的为上一段活用，属于「え段」的为下一段活用。就像前面叙述的那样，读法（平假名）中所表示的「・」之前的是词干，之后的是活用词尾。

表 4-3 下一段活用和上一段活用动词的例子

活用形	汉语	日语	平假名	汉语例文	日语例文
上一段活用	借	借りる	か・りる	向银行借钱。	銀行から金を借りる。
	看	見る	み・る	我看那部影片。	私はその映画を見る。
下一段活用	调查	調べる	しら・べる	调查事故的原因。	事故の原因を調べる。
	扔	投げる	な・げる	他投球。	彼はボールを投げる。

这些动词的活用形如表 4-4 所示。活用词尾的部分附有下线标记。

上一段活用动词的活用词尾基本上都是由「い段」+「る」或者是只由「い段」构成，并且只有命令形的情况下是由「い段」+「ろ」来构成。另一方面，下一段活用动词的词尾基本上是由「え段」+「る」或者只是「え段」构成的，同样只有命令形的情况下是由「え段」+「ろ」构成。也就是说，除了「い段」和「え段」的区别以外，他们的活用规则都是相同的。

关于接续形如下表所示。可以看出，接续形的情况，2 种动词也是按照同样的规则进行活用的。

如上所述，这一类动词的活用变化形式都是相同的，因此为了记住这类动词的活用方法，只要选择一个动词，按照赋予意义的不同进行活用的变化练习就可以了。例如，如果选择上一段活用的"見る"的话，则用"私は映画を見る。（我看电影。）"作

表 4-4　下一段活用和上一段活用的动词的活用（终了形）

赋予意义		结尾语	上一段活用		下一段活用	
			借りる (か・りる)	見る (みる)	調べる (しら・べる)	投げる (な・げる)
A	否定形	ない	かりない	みない	しらべない	なげない
	使役形	させる	かりさせる	みさせる	しらべさせる	なげさせる
	被动形	られる	かりられる	みられる	しらべられる	なげられる
B	过去形	た	かりた	みた	しらべた	なげた
	进行形	ている	かりている	みている	しらべている	なげている
C	希望形	たい	かりたい	みたい	しらべたい	なげたい
D	推测形	だろう	かりるだろう	みるだろう	しらべるだろう	なげるだろう
	传闻形	そうだ	かりるそうだ	みるそうだ	しらべるそうだ	なげるそうだ
E	可能形	られる	かりられる	みられる	しらべられる	なげられる
	命令形	——	かりろ	みろ	しらべろ	なげろ
F	意愿形	よう	かりよう	みよう	しらべよう	なげよう
	劝诱形	よう	かりよう	みよう	しらべよう	なげよう

表 4-5　下一段活用和上一段活用动词的活用（接续形）

赋予意义		接续动词	上一段活用		下一段活用	
			借りる (か・りる)	見る (みる)	調べる (しら・べる)	投げる (な・げる)
G	顺接形	て	かりて	みて	しらべて	なげて
	转折形	が	かりるが	みるが	しらべるが	なげるが
	因果形	ので	かりるので	みるので	しらべるので	なげるので
	假设形	ば	かりれば	みれば	しらべれば	なげれば
H	修饰形	（名词）	かりる	みる	しらべる	なげる
	名词化	（こと）	かりる	みる	しらべる	なげる

为例句进行练习就可以了。如果选择下一段活用的"調べる"的话，就可以用"私は事件を調べる。（我调查案情。）"作为例句进行练习。

B. 五段动词

作为五段活用动词，让我们来研究以下 8 个动词。五段活用动词的活用词尾只有最后一个片假名，归类为以下几种类型。

用前面讲述一段活用型的分类方法，对这些五段活用动词进行同样分类整理的话，我们就可以得到表 4-7。B 栏中的助动词的「た(゛)」和「て(゛)いる」会根据动词的

表 4-6　五段活用动词的例词

活用词尾	汉语	日语	平假名	汉语例句	日语例句
く	写	書く	か・く	写信。	手紙を書く。
す	讲	話す	はな・す	讲故事。	物語を話す。
つ	站	立つ	た・つ	站在十字路口。	十字路に立つ。
む	看	読む	よ・む	看杂志。	雑誌を読む。
る	剪	刈る	か・る	剪羊毛。	羊毛を刈る。
う	洗	洗う	あら・う	洗衣服。	衣服を洗う。
ぐ	倒	注ぐ	そそ・ぐ	往杯子里倒水。	コップに水を注ぐ。
ぶ	玩	遊ぶ	あそ・ぶ	玩扑克。	トランプで遊ぶ。

表 4-7　五段活用动词的活用（终了形）-1

	赋予意义	结尾语	書く （か・く）	話す （はな・す）	立つ （た・つ）	読む （よ・む）
A	否定形	ない	かかない	はなさない	たたない	よまない
	使役形	せる	かかせる	はなさせる	たたせる	よませる
	被动形	れる	かかれる	はなされる	たたれる	よまれる
B	过去形	た(゛)	かいた	はなした	たった	よんだ
	进行形	て(゛)いる	かいている	はなしている	たっている	よんでいる
C	希望形	たい	かきたい	はなしたい	たちたい	よみたい
D	推测形	だろう	かくだろう	はなすだろう	たつだろう	よむだろう
	传闻形	そうだ	かくそうだ	はなすそうだ	たつそうだ	よむそうだ
E	可能形	——	（かける）	（はなせる）	（たてる）	（よめる）
	命令形	——	かけ	はなせ	たて	よめ
F	意愿形	う	かこう	はなそう	たとう	よもう
	劝诱形	う	かこう	はなそう	たとう	よもう

表 4-8　五段活用动词的活用（终了形）-2

	赋予意义	结尾语	刈る (か・る)	洗う (あら・う)	注ぐ (そそ・ぐ)	遊ぶ (あそ・ぶ)
A	否定形	ない	からない	あらわない	そそがない	あそばない
	使役形	せる	からせる	あらわせる	そそがせる	あそばせる
	被动形	れる	かられる	あらわれる	そそがれる	あそばれる
B	过去形	た（゛）	かった	あらった	そそいだ	あそんだ
	进行形	て（゛）いる	かっている	あらっている	そそいでいる	あそんでいる
C	希望形	たい	かりたい	あらいたい	そそぎたい	あそびたい
D	推测形	だろう	かるだろう	あらうだろう	そそぐだろう	あそぶだろう
	传闻形	そうだ	かるそうだ	あらうそうだ	そそぐそうだ	あそぶそうだ
E	可能形	——	（かれる）	（あらえる）	（そそげる）	（あそべる）
	命令形	——	かれ	あらえ	そそげ	あそべ
F	意愿形	う	かろう	あらおう	そそごう	あそぼう
	劝诱形	う	かろう	あらおう	そそごう	あそぼう

不同，出现「た」和「ている」或者「だ」和「でいる」两种表达方法。

下划线的部分是活用词尾，五段活用的情况词尾都只有一个文字（平假名）。A，C，D，E，F 栏中，分别属于「あ段」、「い段」、「う段」、「え段」、「お段」。这也是五段活用名称由来的原因。可是，"洗う"情况则稍有不同，是按照「わ，い，う，え，お」这样「わ行」和「あ行」混在一起的形式进行变化的。这是以「う」结尾动词的共通现象。

补充：关于可能动词

五段活用动词的可能形，在语法上被归类为另一种动词，称为"可能动词"。尽管严格地讲语法中确实有这样的规定，可是解释起来则非常复杂，这里就把它考虑成后面带有助动词「る」的活用形的一种。另外，可能动词都是下一段活用动词。

只有 B 栏中，出现了像「い」、「っ」、「ん」这样跟原来的行不同的发音。这个现象被称为音便，这也是五段动词特有的现象。比如，出现「ん」的音便和词尾是浊音时，助动词则要变成「だ」或者「でいる」那样的"浊音"。音便的形式是由活用词尾来决定，变化形式可以整理成下表。

以「ふ」、「ゆ」结尾的动词不存在。另外以浊音和半浊音组成的动词只出现在「が

行」和「ば行」中。表 4-7 以及表 4-8 中虽然没有列举以「ぬ」结尾的例词，不过，在现代日语中其实只有一个动词是以它结尾，这个动词是"死ぬ (死)"，它属于「ん形」的音便。最后，因为以「す」结尾的动词不发生音便，用（ ）表示。

五段活用动词的接续型如表 4-10 和表 4-11 所示。在接续型中同样也会发生音便。音便的规则与终了型 (表 3-14) 的变化方式一样，出现「ん」的音便和活用词尾是浊音的场合，接续助动词变成「で」。

表 4-9　词尾和音便的关系

词尾	く	す	つ	ぬ	ふ	む	ゆ	る	う	ぐ	ぶ
音便	い	(し)	っ	ん	—	ん	—	っ	っ	い	ん
た(ﾞ)	た	た	た	だ	—	だ	—	た	た	た	だ
て(ﾞ)いる	て	て	て	で	—	で	—	て	て	て	で

表 4-10　五段活用动词的活用（接续形）-1

	赋予意义	结尾语	書く (か・く)	話す (はな・す)	立つ (た・つ)	読む (よ・む)
G	顺接形	て(ﾞ)	か<u>い</u>て	はな<u>し</u>て	た<u>っ</u>て	よ<u>ん</u>で
	转折形	が	かくが	はなすが	たつが	よむが
	因果形	ので	かくので	はなすので	たつので	よむので
	假设形	ば	か<u>け</u>ば	はな<u>せ</u>ば	た<u>て</u>ば	よ<u>め</u>ば
H	修饰形	(名词)	か<u>く</u>	はなす	たつ	よ<u>む</u>
	名词化	(こと)	か<u>く</u>	はなす	たつ	よ<u>む</u>

表 4-11　五段活用动词的活用（接续型）-2

	赋予意义	结尾语	刈る (か・る)	嫌う (きら・う)	注ぐ (そそ・ぐ)	遊ぶ (あそ・ぶ)
G	顺接形	て(ﾞ)	か<u>っ</u>て	きら<u>っ</u>て	そそ<u>い</u>で	あそ<u>ん</u>で
	转折形	が	かるが	きらうが	そそぐが	あそぶが
	因果形	ので	かるので	きらうので	そそぐので	あそぶので
	假设形	ば	か<u>れ</u>ば	きら<u>え</u>ば	そそ<u>げ</u>ば	あそ<u>べ</u>ば
H	修饰形	(名词)	かる	きらう	そそ<u>ぐ</u>	あそぶ
	名词化	(こと)	か<u>る</u>	きら<u>う</u>	そそ<u>ぐ</u>	あそ<u>ぶ</u>

C. サ行変格活用和カ行変格活用

サ行変格活用和カ行変格活用的动词各有一个，分别在表 4-12 中给出。

如 3.3.2 所说明的那样，「する」这个词如果附加在名词以及名词句后面的话，就

表 4-12　サ行変格活用和カ行変格活用的动词

活用形	动词（读法）	汉语解释	自动词/他动词
サ行変格活用	する	做，办	自动词・他动词
カ行変格活用	来る（くる）	来	自动词

表 4-13　サ行変格活用和カ行変格活用（终了形）

	赋予意义	结尾语	する	来る（くる）
A	否定形	ない	しない	こない
A	使役形	させる	（させる）	こさせる
A	被动形	れる	される	——
B	过去形	た	した	きた
B	进行形	ている	している	きている
C	希望形	たい	したい	きたい
D	推测形	だろう	するだろう	くるだろう
D	传闻形	そうだ	するそうだ	くるそうだ
E	可能形	れる	（できる）	これる
E	命令形	——	しろ	こい
F	意愿形	よう	しよう	こよう
F	劝诱形	よう	しよう	こよう

表 4-14　サ行変格活用和カ行変格活用（接续型）

	赋予意义	结尾语	する	来る（くる）
G	顺接形	て	して	きて
G	转折形	が	するが	くるが
G	因果形	ので	するので	くるので
G	假设形	ば	すれば	くれば
H	修饰形	（名词）	する	くる
H	名词化	（こと）	する	くる

可以使"名词变成动词"。所以，实质上有很多动词都会成为サ行变格活用。另外，汉语中存在很多"具有名词和动词双重用法的单词"，所以如果善于使用「する」的话，就会更加有效率的进行翻译。

サ行变格活用的"する"和カ行变格活用的"来る"的活用形式如下表 4-13 所示。两个都是没有词干的动词。下划线的部分是活用词尾。"する"不存在使役形和可能形，而是用动词"させる"和"できる"来分别代替。前者属于下一段活用，后者属于上一段活用。另外，因为"来る"是自动词，所以没有被动型。

サ行变格活用和カ行变格活用的接续形变化规则如下表 4-14 所示。

4.1.4 辅助动词

到目前为止的解说中，对于进行形的助动词「ている」是作为一个整体来进行说明的。可是严格地讲，「ている」可以进一步分解为助词「て」和辅助助词「いる」。辅助助词的作用是给前面的动词赋予意义，类似于助动词。辅助动词往往以下面的形式出现。

　　　［动词的顺接型］+［助词的「て」或者是「で」］+［辅助助词］

是「て」还是「で」要根据前面的动词的顺接型来决定。具体就是，五段活用以外

表 4-15　主要的辅助动词

辅助动词	活用形	日语的例句	对应的汉语例句
いる (いる)	上一段活用	実験している。	在做实验。
ある (あ・る)	五段活用	彼は科学部主任である。	他是科学部的主任。
くる (くる)	カ行变格活用	ゼミの発表順番が回ってくる。	讨论会的发表顺序轮回来。
あげる (あ・げる)	下一段活用	新入生に教えてあげる。	教给新生们。
みる (みる)	上一段活用	ちょっと計算してみる。	试试计算。
いく (い・く)	五段活用	論文の先を読んでいく。	论文接着看下去。
しまう (しま・う)	五段活用	今晩レポートを書いてしまう。	今晚报告书写完。

的动词全部用「て」，五段活用的动词请参照表 3-14 的下两行。经常被使用的辅助动词如下表 4-15 所示。例句中的下划线部分是辅助动词，波浪线是助词。汉语中的对应部分也附加有下划线。在汉语中下划线部分可以出现在很多不同的位置，可是日语中只出现在句子末尾。这样，在日语的文章中，往往是"在句子结尾处赋予意义"。另外，如 4.1.1 的"补充"中叙述的那样，在实际生活中往往把波浪线和下划线看作成一个单词使用。实际上，很多的日本人也确实并没有把它们分开使用的概念。

第二个"ある"在学术论文中也会被经常使用。和其他的动词不同，"ある"没有否定型。否定的时候使用助动词"ない"。其实很多日本人往往把"である"看作成一个单词来使用。我也是这样。「である」和助动词「だ」具有相同的意义，不过，在学术论文中相比「だ」来说「である」更经常被用到。

4.2　形容词的活用

以"美しい"为例，将形容词的活用形在表 4-16 中进行总结。形容词的用法在"作为谓语的场合"和"修饰其他语句的场合"中有很大的区别。对形容词的赋予意义还可以作更详细的划分。不过在初学阶段，学习掌握表 4-16 中所归纳的几种主要类型就可以了。

形容词也是由词干和活用词尾构成的，不过形容词的活用词尾只有"い"一个文字（平假名）。表中的下划线代表活用词尾。作为谓语使用时，其终了形是在活用词

表 4-16　形容词的活用（美しい ：うつくしい）

谓语的场合	终了形	终止形	⋯⋯うつくしい。	⋯⋯很美丽。
		否定形	⋯⋯うつくしくない。	⋯⋯不美丽。
		过去形	⋯⋯うつくしかった。	⋯⋯很美丽。
		推测形 （未然形）	⋯⋯うつくしいだろう。 （うつしかろう。）	⋯⋯大概美丽。
	接续形	假设形	⋯⋯うつくしければ，⋯⋯	⋯⋯很美丽的话⋯⋯
		顺接形	⋯⋯うつくしく，⋯⋯	⋯⋯很美丽，而且⋯⋯
		因果形	⋯⋯うつくしいので，⋯⋯	⋯⋯很美丽，所以⋯⋯
		转折形	⋯⋯うつくしいが，⋯⋯	⋯⋯很美丽，但是⋯⋯
修饰其他语句的时候	体言修饰		うつくしい風景	很美丽的风景
	用言修饰		うつくしく描く	画得美丽

表 4-17 形容词的活用

赋予意义		后面接续单词	高い (たかい) 高	寒い (さむい) 寒冷	辛い (つらい) 辛苦	詳しい (くわしい) 详细
终了形	终止形	——	高い。	寒い。	辛い。	詳しい。
	否定形	ない	高<u>く</u>ない。	寒<u>く</u>ない。	辛<u>く</u>ない。	詳し<u>く</u>ない。
	过去形	た	高<u>かっ</u>た。	寒<u>かっ</u>た。	辛<u>かっ</u>た。	詳し<u>かっ</u>た。
	推测形	だろう	高<u>い</u>だろう。	寒<u>い</u>だろう。	辛<u>い</u>だろう。	詳し<u>い</u>だろう。
接续形	假设形	ば	高<u>けれ</u>ば,	寒<u>けれ</u>ば,	辛<u>けれ</u>ば,	詳し<u>けれ</u>ば,
	顺接形	——	高<u>く</u>,	寒<u>く</u>,	辛<u>く</u>,	詳し<u>く</u>,
	因果形	ので	高<u>い</u>ので,	寒<u>い</u>ので,	辛<u>い</u>ので,	詳し<u>い</u>ので,
	转折形	が	高<u>い</u>が,	寒<u>い</u>が,	辛<u>い</u>が,	詳し<u>い</u>が,
体言修饰		体言	高<u>い</u>	寒<u>い</u>	辛<u>い</u>	詳し<u>い</u>
用言修饰		用言	高<u>く</u>	寒<u>く</u>	辛<u>く</u>	詳し<u>く</u>

尾处添加助动词,而接续形则是添加接续助词。假设形的栏中还增加了(未然形),这是日语特有的语法现象,不过其用法和语义偏涩难懂,在现代日语中"うつくしかろう"已经很少使用了,所以在本书后面的讲解中就不再对它举例了。过去形的活用词尾变成了"かっ",这就是"音便"。

形容词的活用是完全相同的。下面我们通过几个形容词的活用形来确认这一点。平假名的下划线部分是活用词尾。表中的第二行表示了对应的汉语形容词解释。由此我们就可以看出,所有形容词的活用形式都是相同的。

4.3 形容动词的活用

形容动词的活用形以"きれい"为例,在表 4-18 中表示。形容动词的用法也是在"作为谓语的场合"和"修饰其他语句的场合"之间有着很大的区别。词干是"きれい",终止形(原形)的活用词尾是"だ",可是在像论文等正式的文章中往往使用"である"。表中下划线部分表示活用形的变化。在过去形中会因为"音便"而成为"だっ"。

形容动词的活用也都是共通的。以下给出几个形容动词的活用形例子。

形容动词按照词语的根源和形态可以分成以下 3 种。第一种是把汉语的词组附

4.3 形容动词的活用

加上"だ"的词。上表中的「高価」,「正確」就是属于这种,其他的例子在表 3-28 中也有列举。第二种是像"芸術的"那样在名词的后面附加上"的",见表 3-29 中的例

表 4-18 形容动词的活用 (綺麗だ:きれい・だ)

谓语的场合	终了形	终止形	‥‥きれいだ。 ‥‥きれいである。	‥‥很美丽。
		否定形	‥‥きれいでない。	‥‥不美丽。
		过去形	‥‥きれいだった。	‥‥很美丽。
		推测形 (未然形)	‥‥きれいだろう。	‥‥大概美丽。
	接续形	假设形	‥‥きれいなら,‥‥	‥‥很美丽的话
		顺接形	‥‥きれいで,‥‥	‥‥很美丽,而且‥‥
		因果形	‥‥きれいなので,‥‥	‥‥很美丽,所以‥‥
		转折形	‥‥きれいだが,‥‥	‥‥很美丽,但是‥‥
修饰其他语句时	体言修饰		きれいな風景	很美丽的风景
	用言修饰		きれいに描く	画得美丽

表 4-19 形容动词的活用

赋予意义	后面接续单词	高価だ (こうか・だ) 高价的	正確だ (せいかく・だ) 正确的	静かだ (しずか・だ) 安静的	芸術的だ (げいじゅつてき・だ) 艺术性的
终了形	终止形	──	高価だ。	正確だ。	静かだ。	芸術的だ。
		ある	高価である。	正確である。	静かである。	芸術的である。
	否定形	ない	高価でない。	正確でない。	静かでない。	芸術的でない。
	过去形	た	高価だった。	正確だった。	静かだった。	芸術的だった。
	推测形	だろう	高価だろう。	正確だろう。	静かだろう。	芸術的だろう。
接续形	假设形	ば	高価ならば,	正確ならば,	静かならば,	芸術的ならば,
	顺接形	──	高価で,	正確で,	静かで,	芸術的で,
	因果形	ので	高価なので,	正確なので,	静かなので,	芸術的なので,
	转折形	が	高価だが,	正確だが,	静かだが,	芸術的だが,
体言修饰	体言		高価な商品	正確な調査	静かな場所	芸術的な作品
用言修饰	用言		高価にみせる。	正確に計算する。	静かにする。	芸術的に描く。

表 4-20 日语起源的形容动词

日语（读法）	汉语	日语（读法）	汉语	日语（读法）	汉语
穏やか（おだやか）	温和	爽やか（さわやか）	爽朗	華やか（はなやか）	华丽
確か（たしか）	确实	不確か（不確か）	不确实	明らか（あきらか）	明显
大らか（おおらか）	大方	微か（かすか）	微弱	雑（ざつ）	粗糙
粋（いき）	帅	得（とく）	划算	旬（しゅん）	应时

子。

第三种是日语发源的词，像"静か"那样词干部分以平假名"か"结尾的较多。其他的也有只用一个汉字作为词干的词。这些汉字的读法基本上都是"训读"（没有训读的汉字变成音读）。在表 4-20 中，给出一些这类形容动词的例子。

4.4 多重赋予意义的连接

至目前为止，我们对单独赋予意义的情况进行了说明，实际上存在着诸如"否定＋过去"这样的多重赋予意义的情况。出现这种情况时需要把结尾语进行连接。结尾语的词类大多是助动词或者辅助动词。因为无论是助动词还是辅助动词都需要活用，所以在连接结尾语时需要"让它们活用后再连接"。

终了形的赋予意义必须在接续形的赋予意义之前。一般不存在接续形的多重连续。下面，首先说明如何连接终了形的结尾语。

终了形的赋予意义中，可以与其他赋予意义相组合的是，[否定]，[使役]，[被动·可能]，[过去]，[进行]，[希望]，[推测·传闻]。当被动和可能同时出现时，一般把[被动形]与表达"有可能"或者"恐怕"语义的语句进行连接使用，而不同时以结尾语的形式出现。同样，与[推测]和[传闻]同时出现时，也是以连接排列的方式进行表达，而不出现两个结尾语。

上述几种形式的赋予意义通常按以下顺序排列。

　　[使役] ⇒ [被动·可能] ⇒ [否定] ⇒ [进行] ⇒ [过去] ⇒ [推测·传闻]

与赋予意义相对应的结尾语的活用形式如下表 4-21 所示。另外，[推测·传闻]因为出现在最后，所以不需要考虑活用。

上述内容也可以通过辞典进行确认。如果在日汉辞典中检索表示使役的单词"させる"的话，会出现以下的画面。

（助动 下一型）表示"（させる）"是助动词，并且属于下一段活用型。后面的〈 〉

4.4 多重赋予意义的连接

表 4-21　结尾语的活用的形式

赋予意义	结尾语		活用的形式
	五段活用以外	五段活用	
使役	させる	せる	下一段活用
被动	られる	れる	下一段活用
可能	られる	可能动词	下一段活用
否定	ない	ない	形容词形
进行	ている	ている	上一段活用
过去	た	た，だ	不需要活用

表 4-22　日汉辞典的画面（させる）

> させる
> （助動 下一型）〈接上一段，下一段，カ变动词的未然形后〉
> 1 使。叫。让。令。表示使役。let 比較 せる。

的内容表示这个词可以用在上一段活用，下一段活用，力行变格活用的后面。另外，在サ行变格活用的场合，"する"整体将变成动词"させる"。如果在日汉辞典中检索"さ・せる"的话会出现下面的画面。

表 4-23　日汉辞典的画面（さ・せる）

> さ・せる
> （下一他）使做。叫做。令做。let; make

也就是说，它属于下一段活用的他动词。

这里给出一个例子，让我们把动词"食べる"按照以下方式进行赋予意义。

[使役] ⇒ [可能] ⇒ [否定] ⇒ [过去] ⇒ [传闻]

接续的结果如下所示。

食べ させ られ なかっ た そうだ。　　　意思：好像没能让（某人）吃饭。
　　[使] [可] [否] [过] [传闻]　　　　　补充：因为（某人）自己不想吃。

这里可以看出每个助动词都被进行了活用。对这里出现的助动词活用形在日汉辞典中检索一下，就会得到以下结果。

关于 [过去] 和 [传闻] 存在着"特殊形"。特殊形的助动词中包含了以「た」,「だ」,「う」以及「た」和「だ」结尾的助动词。「た」和「だ」系列的助动词在未然形和假设形

表 4-24　助动词的活用形

赋予意义	助动词等	词类	活用形	与前面所连接的动词或者助动词的类型
使役	させる	助动词	下一段形	上一段，下一段，カ变
被动	られる	助动词	下一段形	上一段，下一段，カ变
否定	ない	助动词	形容词形	动词以及使役・可能・被动的助动词
过去	た	助动词	特殊形	所有的用言
传闻	そうだ	助动词	特殊形	动词以及大多数的助动词

中也存在活用，不过现在基本上都不用了，所以我们假设它们"不进行活用"。

利用以上的信息，就可以解释上述的连接的例子。

①「させる」+「られる」

因为「させる」属于下一段活用，参照表 4-4，变成「させられる」。

②「られる」+「ている」

因为「られる」属于下一段活用，参照表 4-4，变成「られている」。

③「ない」+「た」

因为「ない」与形容词的活用同样，参照表 4-17，变成「なかった」。

④「た」+「そうだ」

把①~④所有词语连接起来的话，就会成为「させられなかったそうだ」。

4.5　与名词接续的平假名

在本章中。主要对"用言的活用"进行了讲解，在本小节中对"名词后面接续的单词"进行讲解。日语中，除了特殊情况以外，名词后面一般与被称为助词的词语以平假名的形式接续。与什么样的平假名接续，则要根据名词在句子中的功能和语义（即赋予意义）决定。这个现象与本章中讲解的"用言的'赋予意义'与活用型的关系"比较相似。首先请大家看一个具体的例子。

作为对象的名词是"学生"。我们使用形容动词"有名だ"与其进行比较。由于形容动词不能作为主语或目的语，所以相应的表格栏显示为空栏。这里让我们来比较一下其他各栏的日语例文中标有下划线的部分和形容动词的词尾。可以看出它们非常相似。除了倒数第二行⑪的"与名词接续的场合"以外，下划线的部分是完全相同的。

也就是说，当考虑在名词后面添加什么样的平假名时，只要按照形容动词的活用方法做就可以了。换句话说，也可以把这看成是"名词的活用"。另外，只有在⑪中，

名词和形容动词后的平假名不同。这里只要记住对应于汉语中的助词"的"的日语助词是"の"就可以了。(参照第五章的表5-2)

接下来，对名词作主语和作目的语的情况，分别说明其后面接续的平假名的用法。然后对名词与动词接续的情况⑫进行解释。

4.5.1 名词作主语的场合

主语的后面往往与「は」，「が」，「も」相接续。不过根据前后文关系，要表示某种特殊语气时，也会在后面附加上「でも」，「しか」，「なら」。

①私は行く。(＝我去。)
②私が行く。(＝去的是我。)
③私も行く。(＝我也去。)
④子供でもわかる。(＝就连小孩都懂。)
⑤子供しかわからない。(＝只有小孩懂。)
⑥子供ならわかる。(＝小孩的话就懂。)

对于表4-25中④～⑥的用法可能还需要查阅语法书才能完全弄明白。不过在

表4-25　名词和形容动词的类似性

	状况（赋予意义）	日语的例句	对应的汉语例句	形容动词
①	主语	あの学生は忙しい。	那个学生很忙。	——
②	目的语	先生は学生をしかった。	老师批评学生了。	——
③	终止形	彼は学生だ。 彼は学生である。	他是学生。	有名だ 有名である
④	否定形	彼は学生でない。	他不是学生。	有名でない
⑤	过去形	去年，彼は学生だった。	去年，他是学生。	有名だった
⑥	推测形	彼は学生だろう。	他可能是学生。	有名だろう
⑦	假设形	彼が学生なら，ごちそうする。	他是学生的话，就请他吃饭。	有名なら
⑧	顺接形	彼は学生で，金がない。	他是学生，没有钱。	有名で
⑨	因果形	彼は学生なので，金がない。	因为他是学生，所以没有钱。	有名なので
⑩	转折形	彼は学生だが，金がある。	虽然他是学生，但是有钱。	有名だが
⑪	与名词接续	彼は学生の服を着ている。	他穿着学生的衣服。	有名な
⑫	与动词接续	彼は学生になる。	他将成为学生。	有名に

这里，首先请大家掌握①～③的使用方法。①和②的使用方法很难区分。①的意思是"别人去不去无所谓"反正我去，焦点主要放在"我"这个主体上面。②的意思是"不论如何都需要有一个人去"，不过（这次）我去。也就是说焦点放在了"去"这个行为的上面。

再列举一个例子。

①ニュートンはその法則を発見した。（＝牛顿发现了那个定律。）

②ニュートンがその法則を発見した。（＝发现那个定律的是牛顿。）

在写作①的句子时，前提是"话题是以牛顿为主题，或者文章的内容会自然而然的出现牛顿这一话题"。就是说句子的主题是"牛顿"。另一方面，句子②的主题是"那个定律"，而与主题相关的"牛顿"是伴随定律出现。就是说句子的主题是"那个定律"。

这里为了让大家加深理解，再举一个例子。

①アイスクリームは冷たい。（＝冰淇凌很冰凉。）

②アイスクリームが冷たい。（＝最冰凉的是冰淇凌。）

①要表达的意思是"冰淇凌这种食品（一般）是冰凉的"。就是说，话题的焦点是"冰淇凌这种食品"。另一方面，②要表达的意思是"很多种食品中属于冰凉食物的有冰淇凌"。就是说话题的焦点是"冰凉食品"。

4.5.2 名词作目的语的情况

与目的语后面接续的平假名一般是「を」或者「も」。以下的句子是以"我"为主语，"吃"为动词，"苹果"为对象语的一个例句。

①私はリンゴを食べる。（＝我吃苹果。）

②私はリンゴも食べる。（＝苹果我也吃。）

③私はリンゴが食べたい。（＝苹果是我想吃的。）

句子①是最普通的。句子②要表达的意思是"我吃其他东西，同时也吃苹果"，这种情况下，「も」对应了"也"。句子③表示，这里，话题的焦点是"想吃的东西"。

4.5.3 名词的后面接续动词的情况

在日语中，名词放在动词前的句子形式有好几种。前面叙述的作为"动词的目的语"的情况就是其中之一。除此之外，下面再给出几种有代表性的形式。

①彼は学生になる。（＝他将成为学生。）

②彼は東京に行く。（＝他去东京。）

③彼は彼女に（指輪）を贈った。（＝他把戒指送给了她。）

④彼は東京で(指輪)を買った。(＝他在东京买了戒指。)

⑤彼は電車で(東京に)行った。(＝他坐电车去(东京)。)

①到③中使用了「に」,④,⑤中使用了「で」。从对应的汉语解释中可以看出,④中为了表示场所用了"在",⑤中为了表示交通手段用了"坐"。关于这些将在第5章的5.1小节中详细叙述。另一方面,在①～③的汉语解释中名词直接与动词接续。这种情况下,使用「に」是最常见的。此外,句子②也可以写成"彼は東京へ行く",不过在这里请大家首先记住「に」的用法。

5 虚词等的变换

"虚词"所起的作用是连接单词，词组或小节。并且具有表达文章语气和语义的功能。不过虚词本身并不具有独立的意义，所以即使查阅辞典中的相关解释也不会得到很大帮助。在本章中利用几个具体例子，来说明各个虚词典型的使用方法。大家在学习英语时，一定会觉得，通过具体实例学习"of"，"with"，"for"等介词的使用方法，比起单纯的语法解释更容易理解和掌握。此外，实词中的代词，数词，量词的用法其实都很有限，同样通过一些具体例子来说明它们的使用方法，也是一种非常有效的办法。

我们还将讲述把从单句变成复合句的方法。复合句是诸如"如果···的话···。"或"因为····所以····。"，这样由复数个单句组合而成的长句，复合句对于构成文章的逻辑结构极其重要。

5.1 介词的变换

在表 5-1 中按汉字拼音英语字母（从 A 到 Z）顺序，将汉语中经常使用的介词按照进行归纳总结。尽管有很多情况，如果用别的日语表达方式也许更合适，不过现阶段即便是使用以下的语句，日本人也基本上可以理解其含义。另外，汉语中的介词往往都是放在对象语句的前面，可是在日语中都是放在对象语句的后面。

5.2 助词的变换

助词有不计其数的用法，所以很难总结成表格。表 5-2 中列举了与汉语常用助词相对应的日语表达形式。

下线部分表示汉语和日语中互相对应的助词。这里值得注意的是，出现的日语词类中并不完全都是助词。也存在着助动词或者助词和助动词的组合形式。此外，"得"

5 虚词等的变换

表 5-1 (1)　常见介词的日语变换

介词	后接对象语的性质	日语	汉语的例文	日语的例文
按照～	物，人	～に基（もと）づき	按照规则，处分他。	私は規則に基づき彼を罰する。
把～	目的语	～を	把帽子摘下来。	帽子をとる。
被～‥	对象+动作	～に‥れる	每天，小鸡被鼬鼠叼去。	毎日，雛がイタチ（鼬）にさらわれる。
	造被动型句子的"叫"，"让"也是同样。被动型后面详细叙述。			
比～	比较对象	‥のほうが～より	我比你高	私のほうが君より背が高い。
	比较对象的小节	‥ほうが～より	我去比你去合适。	私が行くほうが君より適当だ。
从～	地点，时间	～から	她是从上海来的。	彼女は上海から来た。
到～	地点	～に，～まで	他跑回到了自己的家。	彼は自宅に走って帰った。
	时间	～まで	昨天，他工作到了半夜。	昨日，彼は夜中まで働いた。
	状态的程度	～まで	等到火锅煮好了。	鍋が沸騰するまで待ちなさい。
	后接对象语如果是表示地点时用「～に」比较自然，可是表达「从～到～」时用「～まで」更自然。			
对～	对象	について	他对电影非常精通。	彼は映画についてとても詳しい。
	对方	に対して	大家对我都很热情	みんなは私に対して親切だ。
对～来说	话题的主体对象	～にとって	对我们来说，‥‥	我々にとって，‥‥
给～‥	对象+行为	～に‥あげる	他给女儿买衣服。	彼は娘に服を買ってあげる。
	上栏中的「～」表示对象是名词，「‥」表示行为的动词。动词进行活用变形。			
跟～	一起进行动作	～と	我和他是好朋友。	私は彼と親友だ。
和～	比较对象	～と	他的身高和我一样。	彼は私と同じくらい背が高い。
根据～	物，人	～によれば	根据某个调查，	ある調査によれば，

表 5-1 (2)　常见介词的日语变换

介词	后接对象语的性质	日语	汉语的例文	日语的例文
关于～	对象	～に関(かん)して	关于这个计划他提问了。	その計画に関して彼は質問した。
随着～	对象	～とともに	随着时间的推移，	時間の推移とともに，
通过～	对象	～を通(とう)して	通过组织调查情况。	組織を通して事情を調べる。
往～	地点（自动词）	～のほうへ	水往低处流。	水は低い場所のほうへ流れる。
	地点（他动词）	～のほうを	她往我这瞧。	彼女は私のほうを見た。
为～ 为了～	对象	～のために	他为妻子买了宝石。	彼は妻のために宝石を買った。
	目的（名词）	～のために	我要为公司发展尽力。	私は会社の発展のために尽くす。
	目的（动词）	～ために	为了培育下一代，	次の世代を育成するために，
	目的（小节）	（主）が（动）ように	为了职工能安心工作，	職員が安心して働けるように，
向～	地点，人	～に，～に向かい	政府向人民负责。	政府は人民に責任を負う。
以～	基准	～として	平均每户以四人计算。	平均一戸を4人として計算する。
	对象	～をもって	以此作为感谢辞。	これをもって感謝の言葉とする。
	「以～为‥」的日语是「～をもって‥(とする，と考える)」（如上栏）			
由～	行为者	～が	会议由董事长亲自主持。	会議は理事長自ら司会する。
	成分，材料	～で	本装置由两个部分组成。	本装置は2つの部分で構成される。
用～， ……	道具，材料	～で，～を用いて	用钢笔写字。	ペンで字を書く。
	技术，方法	～を用いて	用有限元法计算△△了。	FEM法を用いて△△を計算した。

5 虚词等的变换

表 5-1(3)　常见介词的日语变换

介词	后接对象语的性质	日语	汉语的例文	日语的例文
于～	地点	～において	黄河发源于青海。	黄河は青梅省において源を発する。
	时间（特定）	～に	那家店于1900年开张。	その店は1900年に開店した。
	时间（普通名词）	省略	来信于昨天收到。	手紙は昨日受け取った。
	对象范围	～に	国际形势有利于我们。	国際情勢は我々に有利だ。
在～	地点(1)	～で	我在教室里自习。	私は教室で自習をする。
	地点(2)	～に	在学校正门有一座铜像。	学校の正門に銅像がある。
	时间	～に	火车在下午三点出发。	汽車は午後3時に出発する。
	地点(1)表示主体在地点"之中"的意思更为强烈，地点(2)则不是很强烈。			
坐	交通手段	～で	我坐电车去东京。	私は電車で東京に行く。
作为～	对象	～として	作为一家之主，	一家の主として，

在日语中不使用。

表 5-2 助词的日语变换

副词	日语	汉语的例文	日语的例文
～的‥ (‥是名词)	～の‥(～是名词)	他是李老师的学生。	彼は李先生の学生だ。
	～‥(～是动词) 语顺变化	在东京买的方便面。	東京で買った即席ラーメン。
～得‥ (‥是形容词)	‥～语顺变化	进展得非常快。	非常に速く進展する。
～地‥ (‥是动词)	～に‥, ～で‥	安静地睡着。	静かに眠っている。
～过 (‥是动词)	～ことがある (～是动词)	这本小说我看过。	この小説を私は読んだことがある。
(像)～似的(～是名词,动词句)	(まるで)～のようだ	水面像一面镜子似的。	水面がまるで鏡のようだ。
～所‥(～是名词,‥是动词)	～が‥	我所认识的人	私が知っている人
～着(～是动词,形容词)	～いる(～是动词)进行时	他们正开着会议。	彼らは今会議をしている。
	～ままだ(～是形容词)	屋里的灯还亮着。	部屋の明かりはついたままだ。

表 5-3 副词的变换-1（表示程度的副词）

汉语	日语（读法，补充事项）	汉语	日语（读法，补充事项）
非常	非常に（ひじょうに）	特别	特に（とくに）
更	さらに	一点儿	少し（すこし）
还	もっと	有点儿	少し（すこし）
很	とても（在日语中也可以省略）	真	本当に（ほんとうに）
主要	主に（おもに）	比较	比較的（ひかくてき）
太	たいへん	最	最も（もっとも）

表 5-4　副词的变换-2（带有表示心理语气的副词）

汉语	日语（读法，补充事项）	汉语	日语（读法，补充事项）
差点儿~	もう少し（すこし）で~ところだった。（"~"是动词）	可能	かもしれない
		恐怕	恐らく（おそらく）
大概	たぶん	也许	もしかすると
大约	大体（だいたい）	一定	必ず（かならず）
互相	互いに（たがいに）	原来	もともと

表 5-5　副词的变换-3（表示频度的副词）

汉语	日语（读法）	汉语	日语（读法，补充事项）
常常	いつも，常に（つねに）	~也，~又	~も（我也去 → 私も行く）
还	まだ	又~	また~
经常，时常	いつも，たびたび	再~	再び（ふたたび）~

表 5-6　副词的变换-4（表示时期的副词）

汉语	日语（读法，补足项目）	汉语	日语（读法）
曾经	かつて，以前（いぜん）	立刻	ただちに，すぐに
从来	これまで	马上	すぐに
刚，刚才	たった今	随时	いつでも
越来越~	次第（しだい）に~	已经	すでに
快	まもなく，すぐに	正在	ちょうど

5.3　副词的变换

　　副词也是虚词的一种。汉语中的副词通常放在用言（动词，形容词）之前，用来修饰用言。日语中，修饰形容词的副词也是放在形容词之前。可是修饰动词时，放在谓语部分的开头处的情况比较多。放在哪个位置更合适，则根据状况不同而变化。一般来讲，无论放到何处都没有太大问题，所以不必太担心。这里，首先把副词按性质进行分类，并在下表中对汉语和日语的对应关系进行归纳。

　　表 5-7 中的副词表示该副词和动词或者介词组合后构成某种意义，往往把它和修饰的对象（之前提到的用言）放在不同的地方。翻译成日语时需要同时了解前后的单词和文章的语气，这类副词的用法不只限于一种模式，这里列举出几种出现频度较

高的表达方式。在开始阶段，先学会使用这些表达方式，然后再学习掌握其它的表达方式。这里，「～」是动词，「‥」是其他词类的词。

表 5-7 副词的变换-5（比较难以翻译的副词）

副词	日语	汉语的例文	日语的例文
才～	たったいま～	我才从学校回来。	私はたったいま学校から帰った。
	ようやく～	催了几次，他才走。	何回も催促して，彼はようやく行った。
差不多～‥ ‥近く～		差不多等了两个小时。	2時間近く待った。
～得差不多	ほぼ～	麦子熟得差不多了。	麦はほぼ実った。
‥都～	日语中往往省略	——	——
另外～‥	他（ほか）に‥を～	另外想办法。	他に方法を考える。
把‥全～	‥を全（すべ）て～	他把稻子全收完了。	彼は稲を全て取り入れた。
一共～‥	全部（ぜんぶ）で‥も～	我一共花了100块钱。	私は全部で100元も使った。
跟‥一起～	‥と一緒（いっしょ）に～	我跟他一起去。	私は彼と一緒に行く。
只～‥	‥しか～ない	他只学习过英语。	私は英語しか習ったことがない。

5.4 连词的变换

5.4.1 连接词・句的连词

连词包括各种对词・句或者句・文章进行连接的词汇。首先对于前者，即连接词・句的连词在表 5-8 中表示。在日语中，通常只用平假名表示，这里把对应的汉字也顺便表记出来。

表 5-8 连接词・句的连词

汉语	日语（汉字）	汉语	日语（汉字）
～和～，～与～	～と～ ～や～	～及～，～以及～	～および（及び）～
～并～，～而～	～かつ（且つ）～ ～さらに～	～或～，～或者～	～あるいは（或いは）～ ～または～

并列的词句是名词的情况时，如果每个词句相对较短的话用"と"，相对较长的话用"および"。如果文章中除了列举的词语以外还有类同的其他词语存在的话，则往往使用"や"。不过，使用这个连词后，文章的意思会变得非常的含糊，所以在理工科的文章中应尽量避免使用这个连词。

如果是 3 个以上的词句进行连接时，与汉语或者英语同样，在最后的两个词句中间插入连词，剩下的地方往往用"，(逗号)"分隔开。"あるいは"的情况也同样。例如，

「本実験の重要事項は温度，圧力と経過時間である。」

汉语译文：本实验的重要事项是温度，压力和所需时间。

当并列词语变成 4 个以上的时候，文章的意思可能会变得模糊不清，所以向下面所示的那样，用"词条列举"的方法，不失为明智之举。当并列词句很长的时候，即使只有两个并列，用这种方法也能让文章更加明确。

「本実験の重要事項は，①温度，②圧力，③経過時間，④回転速度である。」

汉语译文：本实验的重要事项是①温度，②压力，③所需时间，④回转速度。

"かつ"的作用是使文章的意思"层层加深"，一般只在特别强调最后的词句时才使用它。例如，

「大容量でかつ安価な装置が必要である。」

汉语译文：容量大并且便宜的装置是必要的。

用这个词的前提是先有默认想法"如果是大容量的话当然价钱也高"，这句子却想强调"可是也需要便宜的价格"。"さらに"的使用场合是，重视最后的词句或者强调更大程度的情况。

5.4.2　连接句・文的连词

接下来的连接句・文的连词中，与两个连词有关联的在表 5-9 中表示。除此之外，日语中还有其它类似的表达方式，不过首先请大家记住以下的例子。

除了表 5-9 中表示的连词以外，在表 5-10 中列举了用一个单词就可以连接前后句子的连词。这里有一个非常重要的事项。在汉语中，在这些连词的前面会放置"，(豆号)"，可是在日语中，首先使用"。(句号)"结束前面的句子，然后再把连词放在下一个句子的最前面。

正如第二章中所叙述的那样，汉语的文章与其他的语言相比较句子往往很长。如果原封不动地翻译成外语的话，会难以让人理解。特别是理工科的文章更需要强调明确性。所以在翻译之前，尽量使句子短化，然后使用表 5-10 中表示的连词来连接有关联的句子。

表 5-9　连接句・文的连词（复数形）

汉语的连词 日语的表达方式	汉语的例文 对应的日语例文
虽然～，但是‥‥ ～が，しかし‥‥	虽然日本也用汉字，但是发音和中国的不一样。 日本も漢字を使うが，しかし発音は中国のものとは同じでない。
因为～，所以‥‥ ～ので，‥‥	因为工作很忙，所以我已经几个星期没见她了。 仕事が忙しいので，私は数週間彼女に会っていない。
不管～，‥都‥‥ にかかわらず，‥‥	不管结果如何，你要向我报告。 結果の如何にかかわらず，あなたは私に報告しなければならない。
不但～，还（而且）‥‥ ～だけでなく，‥‥	他不但会说日语，还会用日语写论文。 彼は日本語を話せるだけでなく，日本語で論文を書ける。
如果～，‥就‥‥ もし～だったら，‥‥	如果明天下雨，我就不去。 もし明日雨だったら，私は行かない。

表 5-10　连接句・文的连词（单独形）

汉语	日语	汉语	日语	汉语	日语
～，那时‥‥	そのとき‥‥	～，然后‥‥	それから‥‥	～，因此‥‥	このため‥‥
～，而且‥‥	そのうえ‥‥	～，比如‥‥	たとえば‥‥	～，反正‥‥	いずれにしても‥‥
～，并且‥‥	さらに‥‥	～，可是‥‥		～，于是‥‥	そこで‥‥
～，首先‥‥	まず‥‥	～，但是‥‥	しかし‥‥	～，所以‥‥	したがって‥
～，其次‥‥	次に‥‥	～，不过‥‥		～，总之‥‥	つまり‥‥
～，其实‥‥	実際には‥‥	～，因为‥‥	なぜなら‥‥	～，另外‥‥	加えて‥‥

5.5　代词的变换

尽管代词是实词的一种，我们还是在这里对其进行简要说明。代词包括名词性代词和形容词性代词。分别列表说明如下。

在汉语中，如果在心理上想表达距离或时间的远近，一般可分为"这"和"那"2个阶段，可是日语中则分为 3 个阶段。从近到远分别用「こ」，「そ」，「あ」开头的单词来表示。与表示疑问的代词"哪"相对应的是以「ど」开始的单词。这样就可以按照「こ，そ，あ，ど」的顺序进行背诵和记忆。表 5-11 中除了有下划线标记的部分，「こ，

そ，あ，ど」的使用方法基本相同。另外，表 5-12 中右边的「な(に)」的意思是，在修饰名词时用「な」，在修饰动词或者形容词时用「に」。另外，当想所指内容是前面提起过的内容时，一般使用「このように」。

还有一种代词是人称代词。人称代词在理工科的文章中不是经常出现，不过这里也向大家顺便说明一下，如表 5-13 所示。

表 5-11 名词性的代词

	表示事物		表示地点	
	汉语	日语	汉语	日语
这(这个)，这些 此	これ，これら	这儿，这里	ここ	
那(那个)，那些 它	それ，それら あれ，あれ	那儿，那里	そこ あそこ	
哪(哪个)哪些	どれ，どれ	哪儿，哪里	どこ	

表 5-12 形容词性的代词

修饰名词的语句		修饰名词以外的语句	
汉语	日语	汉语	日语
这个，这些，这样的 那个，那些，那样的	この，これらの，このような その，それらの，そのような あの，あの，あのような	这样 那样	このような(に) そのような(に) あのような(に)
哪个，哪些，哪样的 该 如下	どの，どの，どのような この，その 以下の(に)	怎样 其 上述	どのような(に) その，それ 上述の

表 5-13 人称代词

汉语	日语	汉语	日语	汉语	日语
我	私(わたし)	你	あなた	他	彼(かれ)
她	彼女(かのじょ)	我们	私たち(わたしたち)	你们	あなたたち
他们	彼ら(かれら)	它	それ	它们	それら
人们	人々(ひとびと)	别人	他人(たにん)	大家	みなさん

5.6 数词・量词的变换

5.6.1 数词

在理工科的日语论文中,数字一般按照 1,2,3,····这样来记述,而且一般不使用汉字。不过在表示顺序的时候一般使用像"第一(だい-いち)","第二(だい-に)","第三(だい-さん)"这样的汉字。数字的读法如表 5-14 所示。

表 5-14 数字的读法

数	读法	数	读法	数	读法	数	读法
1	いち	11	じゅう-いち	30	さん-じゅう	1,000	せん
2	に	12	じゅう-に	40	よん-じゅう	4,000	よん-せん
3	さん	13	じゅう-さん	50	ご-じゅう	7,000	なな-せん
4	よん(し)	14	じゅう-よん(し)	60	ろく-じゅう	10^4	いち-まん
5	ご	15	じゅう-ご	70	しち(なな)-じゅう	7×10^4	なな-まん
6	ろく	16	じゅう-ろく	80	はち-じゅう	10^6	ひゃく-まん
7	なな(しち)	17	じゅう-なな(しち)	90	きゅう-じゅう	4×10^6	よん-ひゃく-まん
8	はち	18	じゅう-はち	100	ひゃく	10^8	いち-おく
9	きゅう	19	じゅう-きゅう	200	に-ひゃく	42×10^8	よん-じゅう-に-おく
10	じゅう	20	に-じゅう	400	よん-ひゃく	10^{12}	いっ-ちょう

"4"和"7"分别有两种读法。表示的数字如果比较小的话可以使用「し」,「しち」,如果数字比较大的话往往使用「よん」,「なな」。不过两种都可以,所以大家首先还是记住「4=よん」,「7=なな」。数字的数位单位和汉语相同,如表 5-15 所示相互对应。

表 5-15 数字的数位

数字	10	100	1000	10^4	10^8	10^{12}
日语	十(じゅう)	百(ひゃく)	千(せん)	万(まん)	億(おく)	兆(ちょう)
汉语	十	百	千	万	亿	兆

数字的数法也基本上与汉语相同，只有发音不同。不过，「十」，「百」，「千」数位的数字是「1」的情况时，一般把「1」省略掉。例如「1,010」读成「せん-じゅう（千十）」。可是「万」以上的情况则不能把「1」省略掉。例如「10,010」读成「いち-まん-じゅう（一万十）」。

如果是包含了小数点的情况，在有小数点的位置读「てん（点）」，小数点之后的数字按各数字的读法一直读下去。例如「23.54」读成「に・じゅう・さん・てん・ご・よん」。

5.6.2　量词

现在把理工科的研究论文中经常出现的量词列举如下。尽管除此之外还有很多，不过，在现代日语中常用的量词种类并不多，在很多情况下往往只用"つ"和"こ"这两个所谓的"一般通用量词"。

在日语中，如果要表示的数量是1，在不作特别强调的情况下，数词和量词常常会省略掉。另外，在不表示数而只表示量的情况下，一般用国际通用的度量单位，如 m^3 或者 kg。

表 5-16　量词和适用对象

对象	量词（读法）	对象	量词（读法）
一般通用量词	つ（1つ，2つ）	一般通用量词	個（こ）
机械，器械	台（だい）	书，杂志	冊（さつ）
论文，作品	編（へん）	报纸，厚的书	部（ぶ）
人（1或者2）	1人（ひとり），2人（ふたり）	人（3人以上）	人（にん）
系列的图书	巻（かん）	信	通（つう）
文章的行	行（ぎょう）	纸，薄的东西	枚（まい）
店铺，别墅	軒（けん）	笔，细长的东西	本（ほん）
种类	種類（しゅるい），種（しゅ）	餐	食（しょく）

5.6.3　不特定数量的表达

当数量没有被具体指定时，汉语中往往在数字的部分填入"几"。日语的场合是「何（なん）＋量词＋かの」。例如，「几个苹果」→「何個（なんこ）かのリンゴ」，「几台电脑」→「何台（なんだい）かのパソコン」，「几本书」→「何冊（なんさつ）かの本

（ほん）」。可是，"一般"使用的「つ」的场合往往使用「いくつかの」。

5.7 关于具有助动词词性的动词（补充事项）

汉语中的"能"或者"应该"在有的辞典中被解释为助动词。实际上，与"能"对应的英语是"can"，与"应该"对应的英语是"must"，在英语的语法中它们是助动词。这些词如果单独使用的话并没有具体意义，所以与"虚词"更接近。可是，英语中的助动词不一定与汉语的助动词完全对应，例如，与"may"对应的"也许"或者"可能"被归类为"副词"。并且，与它对应的日语「かも・知れ・ない」更是由助词・动词・助动词构成的组合词。像这样，词类的分类根据语言的不同有很大的区别，尤其是助动词的情况更加复杂。不过助动词是能够给动词赋予意义并发挥重要作用的词。所以，在这里我们以英语的助动词为基准，把与它们相对应的汉语和日语归纳于表 5-17。

表 5-17 助动词等

英语	汉语	日语	英语	汉语	日语
can····	能····	····できる	be～	是～	～だ，～である
must····	应该····	····しなければいけない	do～	干～	～する
may····	也许····	····かもしれない	get～	受到～	～を受ける，～される
will····	会（将）····	····だろう	become～	成为～	～になる
will····	要····	····するつもり	carry out～	进行～	～を行う

除此之外，在汉语中，动词后还会连接作为目的语的单词，而且有些作目的语的单词是"兼有动词和名词词性的单词"，就像"欢迎"或者"实验"这样的单词。比如"受到欢迎"，"进行实验"。在这些句子中，目的语"欢迎"或者"实验"表示"行为的具体内容"。就是说，"受到"，或者"进行"与助动词的性质更接近。另外，"是"也是不具有具体内容的动词。所以，这里把它们跟上面介绍的助动词一起进行总结。在表 5-17 中"····"表示动词，而"～"表示名词。

6 翻译方法的说明和例题

6.1 本章序言

我们在前五章里讲解了如何把汉语翻译成日语的一些基本的实用方法和技巧。在本章中，我们将把之前学过了内容结合起来，通过实例具体讲解日语的翻译写作过程。整个过程按顺序由以下几个步骤组成。"（　）"内表示与该部分内容相关的章节。

① 确认汉语原文的逻辑性，把句子简短化。
② 将汉语的语序，按照日语的标准语序进行变换。（第 2 章）
③ 从辞典中记载的多个日语单词选项中，选择与自己的文章语义最为贴切的单词。（第 3 章）
④ 参照辞典和变换表，选择谓语的活用形和助词等。（第 4 章，第 5 章）
⑤ 利用具有日语处理功能的 word 软件，在电脑上进行日语文章的写作。

下面将在 6.2 中说明①，6.3 中说明②，6.4 中说明③和④，6.5 中说明⑤。本书采用这样的顺序进行说明，只是为了让初学者更容易学习和掌握。对有一定基础的同学，也可以直接从②入手进行翻译。

另外，对于①和⑤，在本章中是初次叙述，所以在各节的开头处进行简单的说明。

6.2 逻辑性的确认和简短化

6.2.1 修改汉语原文的必要性

作为硕士研究生，大家都应该充分掌握和精通自己的母语（对大家来说是汉语）。所以，也许有人会认为"只要用母语的话就完全可以写出具有逻辑性的文章"。可是实际上并不一定如此。大家写的汉语文章的读者，大部分都是中国人。他们也都精通

汉语或对汉语有很强的理解能力。这样，即使大家写的文章中有一些逻辑性不是很明确的地方，读者也能根据文章的前后文关系，推测出作者想要表达的逻辑关系。同样，大家也是通过不断的揣摩和推断来理解其他人写的汉语文章。一般来讲，在用母语写作时文章中多少也会存在一些含混模糊，逻辑不清的地方，即使这样对于具有相同母语的读者来讲，并不一定会成为一个很大的问题。

可是，大家在用外语进行文章写作时，如果出现逻辑含糊，就可能带来很大问题。与母语相比，利用外语写作时，在文章组织和表现手法方面无论如何都要差一些，对于稍微复杂一点的文章，通过翻译正确地把原文的意思表达出来并不是一件容易的事情。在翻译过程中，有可能使原文要表达的内容以及逻辑关系变得越来越含糊。因此，如果在原文中本来就存在很多逻辑含糊部分的话，就很可能造成"原文的逻辑性含糊"加上"翻译的语言表达含糊"的双重含糊，使得翻译后的文章更加难以理解。

因此，在翻译之前首先要彻底地梳理和确认汉语原文的逻辑结构，必须排除含糊的部分。其次，为了在自己的外语表达能力范围之内进行翻译，需要把结构较复杂的原文变换成简单的句子结构。应该说大家在基础日语课程中，所学习的例文句子都比较短，并且很多都是单句（主语和谓语各有一个的句子）。所以，最好把汉语原文的句子也变换成大家所熟悉的日语简单句那样的短句。同时，在文章中插入接续词，使文章的前后保持明确的逻辑关系。

图 6-1 表示的是，于 2008 年 8 月在赴日预备校毕业后在笔者任教的大学开始攻读博士学位的中国留学生的硕士论文的汉语和英语摘要中所用句号个数比较的结果。我们事先阅读了中英文两个版本，并确认两者具有相同的内容。从这个图中我们

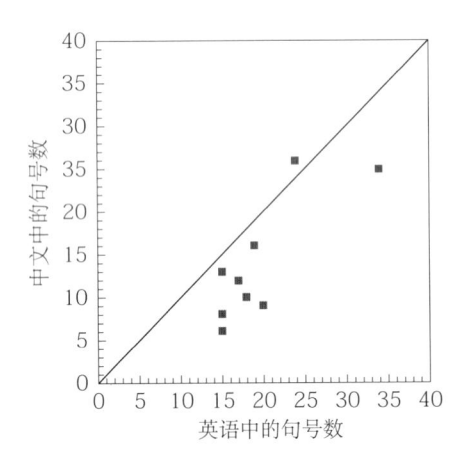

图 6-1　汉语与日语的标点符号数目

可以看出英语中使用的句号比汉语多。也就是说，在把汉语翻译成英文的过程中，实际上是对文章的句子进行了分割。

据笔者研究室的中国留学生说，中国大学的教授常常会给学生这样的建议，就是"如果还不是很精通英语的话，最好先把汉语句子简短化之后再翻译成英语"。实际上，笔者也是常常建议学生在写英语论文时，先把日语句子简短化之后再翻译。无论是在中国还是在日本，很多理工科学生的第一外语都是英语，一般至少都学习了10年以上，即使这样我们都还是建议先将原文简短化之后再进行翻译。而大家刚学日语不久，就更需要先把汉语原文简短化后再进行翻译。

6.2.2 用例文进行说明

以下的文章是前面提到的硕士论文"摘要"的一部分。文章作者的专业是计测工学。对于文中有些专业词汇，就用英语单词表示。

【1. 汉语原文】

信息技术的发展推动了社会的进步与人们生活条件的改善，也改变了人们的生产和生活方式。用现在的技术改变与提高人们的生活质量，是社会发展的必然结果。家庭远程监护系统作为提高现代人生活质量的重要途径越来越受到人们的重视。脉搏信号是人体重要的生理信号，包含人体重要的生理病理信息。本课题研究的脉搏测量装置是家庭监护系统的重要组成部分。

本课题主要内容是研究基于无线传输的脉搏测量装置，论文主要从无线传输协议的选择，脉搏信号处理电路设计与无线发射模块三个方面进行了研究。

ZigBee技术作为近年来新兴的无线传输技术，专注于数据采集的应用，以其功耗低、成本低、时延短、安全可靠、网络容量大等的优点，受到家庭自动化、楼宇自动化、遥测控制等领域的高度重视。该协议完全满足脉搏信号的传输要求，并具有很强的组网功能，本论文选用ZigBee协议作为无线传输协议。

准确的采样与适当的处理，才能得到很好的脉图。本装置采用了PVDF压电薄膜脉搏传感器，并对采取的脉搏信号进行了信号处理，包括信号的放大，高低通滤波器的设计，杂质与噪声的抑制等电路设计。

无线发射模块是该装置的重要组成部分，本课题选择了Freescale的芯片MC13213作为脉搏信号无线传输的微处理器与IEEE802.15.4的调制解调器。对无线传输模块的射频部分，时钟模块，电源模块等做了研究与选择，绘制了电路原理图与PCB图，在Codewarrior环境中对软件进行了编写。

对于脉搏测量装置进行的实验，取得了满意的效果。

我的专业是水环境学，所以对文章中的一些细节部分并不是很明白。不过，对文章想要表达的内容大概都能理解。同时，也发现了一些表达过长或者前后文连接不明确的部分。

我们对原文进行下列的简短化，并利用接续词使文章中各个部分之间的关系更加

明确。这里为了使作者列举的三个方面的主要内容与各段落的关系明确化，在3个段落前面的"（　）"中标注了简单的段落说明。

【2. 简短化后的文章】
(1.1) 信息技术的发展推动了社会的进步与人们生活条件的改善。
(1.2) 把最新技术引入人们生活将使社会发展更好。
(1.3) 家庭远程监护系统作为一种提高生活质量的途径受到人们的重视。
(1.4) 脉搏信号是包含人体生理病理信息的基本信号。
(1.5) 所以，远程脉搏测量装置是家庭监护系统的重要组成部分。
(1.6) 本研究课题的目的是对无线传输的脉搏测量装置进行开发。
(1.7) 本论文主要在如下的三个方面进行了研究。

(2.1) （选择无线传输协议）
(2.2) ZigBee 技术是一种专注于数据采集应用的新兴无线传输技术。
(2.3) 它有很多优点；功耗低，成本低，时延短，安全可靠，网络容量大等。
(2.4) 因此，ZigBee 技术近年在各种各样的应用场合受到注目。
(2.5) 比如，家庭自动化，楼宇自动化，遥测控制等。
(2.6) 该协议完全满足脉搏信号的传输要求，并具有很强的组网功能。
(2.7) 于是，本论文选用 ZigBee 协议作为无线传输协议。

(3.1) （设计脉搏信号处理的电路）
(3.2) 本装置主要由两个部分组成。
(3.3) 第一是采取脉搏信号和信号处理的装置。
(3.4) 为了准确的采样，本装置采用了 PVDF 压电薄膜脉搏传感器。
(3.5) 为了进行适当的信号处理，对信号放大器，高低通滤波器和杂质与噪声的抑制电路进行了设计。

(4.1) （开发无线发射的模块）
(4.2) 第二部分是脉搏信号无线传输的模块。
(4.3) 本装置选择了 Freescale 的芯片 MC13213 作为脉搏信号无线传输的微处理器与 IEEE 802.15.4 的调制解调器。
(4.4) 对无线传输模块的射频部分，时钟模块，电源模块等做了研究与选择。
(4.5) 最后，绘制了电路原理图与 PCB 图，在 Codewarrior 环境中对软件进行了编写。

(5.1) 对于脉搏测量装置进行的实验，取得了满意的效果。

也许上述被简短化后的文章会让人觉得像小学生的作文。不过，对于只学了一年日语的大家来说，如果要将汉语翻译成日语的话，这样的句子长度应该是最适合的。更重要是，通过简短化和整理后的句子，可以正确地传达想要表达的意思。所以，要尽量使用单句，在不得已的情况下才使用复合句，不过最多也只用两个小节，并且每个小节也都要使用单句。此外，在文章之中应尽量插入接续词。这样的话，就可以避

免读者误解原文的意思，准确地进行批改。

6.3 按照日语的语法顺序进行调整

任何语言都有特定的语法顺序规则，翻译过程中也必须对原有的语序作相应的改变。就像第2章所叙述的那样，从"信息单元"这个角度来看，可以说汉语和日语的语序有很大的相似性。所谓信息单元，就是指包含"谁"，"什么时候"，"在哪里"，"做什么"，"如何做"等这样一些信息的语言要素。

信息单元在必要时需要再进行细分化。以前一小节（1.1）的句子为例，如果以最大的单元进行分割的话，会变成如下所示的由"///"所分段的几部分。(a)是主语句，(b)是谓语句，(c)是目的语句。作进一步细分的话，又可以像"//"表示的那样，把目的语句分成两部分。再进一步细分的话，还可以把修饰语和被修饰语用"/"来区分。例如，主语句中"信息技术的"是用来修饰主语"发展"。其他部分也相同。如果作更细划分的话，还可以在"人们的生活条件的"中"的"所在的地方进行分割。

<u>信息技术的 / 发展</u> /// <u>推动了</u> /// <u>社会的 / 进步</u> // <u>与 人们的生活条件的 / 改善</u>。

　　(a) 主语句　　　(b) 谓语句　　　　(c) 目的语句

正如第3章中学习过的那样，在日语中必须把谓语句（推动了）放在句子的最后，所以在翻译时语序应该如下所示那样。

<u>信息技术的 / 发展</u> /// <u>社会的 / 进步</u> // <u>与 人们的生活条件的 / 改善</u> /// <u>推动了</u>。

现在，我们来考虑句子（1.2）的语序调整。

<u>把最新技术 // 引入 // 人们生活</u>　///　<u>将使</u>　///　<u>社会发展</u>　///　<u>更好</u>。

　　　　(a) 主语句　　　　(b) 谓语句　(c) 对象语句　(d) 补语句

这个句子稍微有一些复杂。副词"将"与动词"使"一起使用，从而构成了谓语句。因为"使"作为使役动词（英语中是 make 的意思），需要在使役对象的后面接续，以表示"对于对象将如何（使役）"这样的内容（补语）。

主语句是由动词"引入"和目的语"最新技术"，以及"引入"的对象"人们生活"来构成的。这样就需要把"引入"移动到主语句的最后。这样的话就形成了下面所示那样的语序。不过这里"将"是助动词（表5-17），在日语中它将出现在动词"使"的后面。在日语中，使役动词和补语成为一体从而构成谓语，所以这里在"更好"和"将使"之间用"/"来隔开。

把最新技术 // 人们生活 <u>// 引入</u> /// 社会发展 /// 更好 / <u>将使</u>。

这样，利用以上所述的方法可以把所有的句子进行语序变换，并表示如下。<u>下划</u>

线用来表示被移动的谓语句。"/"表示最大的信息单元的分割点。另外，像（1.4）等句子中出现的"是"在日语中并不是动词，而是与名词一起使用，以"（名词）＋である"的形式构成一个信息单元。所以这里没有用"/"来区分。

【信息单元的排列顺序进行调换后的汉语文章】
(1.1) 信息技术发展 / 社会的进步与人们生活条件的改善 / 推动了。
(1.2) 把最新技术 人们生活 引入 / 社会发展 / 更好 使将。
(1.3) 家庭远程监护系统 / 作为一种生活质量提高的途径 / 人们的重视 / 受到。
(1.4) 脉搏信号 / 人体生理病理信息 包含 的 / 基本信号 是。
(1.5) 所以，远程脉搏测量装置 / 家庭监护系统的重要组成部分 是。
(1.6) 本研究课题的目的 / 对无线传输的脉搏测量装置 / 开发进行 是。
(1.7) 本论文 / 主要在如下的三个方面 / 研究 进行了。

(2.1) （无线传输协议 / 选择）
(2.2) ZigBee 技术 / 一种于数据采集应用专注的新兴无线传输技术 / 是。
(2.3) 它 / 很多优点 有；功耗 / 低，成本 / 低，时延 / 短，安全 / 可靠，网络容量 / 大 / 等。
(2.4) 因此，ZigBee 技术 / 近年 / 在各种各样的应用场合 / 注目 / 受到。
(2.5) 比如，家庭自动化，楼宇自动化，遥测控制 / 等。
(2.6) 该协议 / 脉搏信号的传输要求 / 完全满足，并 很强的组网功能 / 具有。
(2.7) 于是，本论文 / ZigBee 协议 / 作为无线传输协议 / 选用。

(3.1) （脉搏信号处理的电路 / 设计）
(3.2) 本装置 / 主要 / 由两个部分 / 组成。
(3.3) 第一，脉搏信号采取和信号处理的装置 / 是。
(3.4) 为了 准确的采样，本装置 / PVDF 压电薄膜脉搏传感器 / 采用了。
(3.5) 为了 适当的信号处理 进行，对 信号放大器，高低通滤波器和杂质与噪声的抑制电路 / 设计 / 进行了。

(4.1) （无线发射的模块 / 开发）
(4.2) 第二部分 / 脉搏信号无线传输的模块 / 是。
(4.3) 本装置 / Freescale 的芯片 MC13213 / 作为脉搏信号无线传输的微处理器与 IEEE 802.15.4 的调制解调器 / 选择了。
(4.4) 对 无线传输模块的射频部分，时钟模块，电源模块等 / 研究与选择 / 做了。
(4.5) 最后，电路原理图与 PCB 图 / 绘制了，在 Codewarrior 环境中 / 对 软件 / 编写 进行了。

(5.1) 对于 脉搏测量装置进行的实验，满意的效果 / 取得了。

6.4 利用电子辞典和变换表来进行日语变换

首先，把(1.1)的句子中包含的名词，动词，形容词利用电子辞典按照第三章中介绍的方法变换成相对应的日语词汇。在此过程中，对各个单词的平假名读法和用言（动词，形容词，形容动词）的活用型也都可以进行检索。这里使用的是型号为 CASIO EW-V3700 的电子辞典。这个辞典中收录了汉日辞典《皇冠汉日辞典（三省堂）》和日汉辞典《日汉大辞典（上海译文出版社，讲谈社）》。接下来，按照第四章中讲解的规则来决定用言的活用形，另外，利用第五章的变换表来进行虚词的变换和助词的插入。

再次说明一下，我们现阶段的目标并不是追求"完美的日语"。而是利用前五章所讲述的方法和技巧，首先写出"可以让日本人理解原文的意思然后给予修改"程度的日语。所以，现阶段的日语译文中一定存在着一些表达不自然的地方，但应该可以让日本人充分理解其含义。

6.4.1 单词的变换方法

接下来，我们以前述例文中的几个句子为例，讲解如何把汉语句子翻译成日语。句子(1.1)

信息技术发展／社会的进步与人们生活条件的改善／<u>推动了</u>。

对于名词，动词和形容词，用电子辞典进行检索。对于虚词利用第五章的变换表来确定对应的日语表达形式。

①「信息」：在汉日辞典中，会出现「❶音信，知らせ」，「❷情報」这两种日语解释。这时如果查阅 例句 的话，❶是汉语中的"信"或者是"音信"的意思。而❷中记载了"信息论＝情報理論"，所以❷是比较恰当的。按 単語調査 键之后跳到日中辞典的「情報」后，出现了「information」这个英语单词。这就可以更加确定与『信息』对应的日语单词是『情報（じょうほう）』。

②「技术」：在汉日辞典中可以检索出对应的日语词汇「❶技術」，是相同的汉字。从❶所对应的 例句 中可以发现「钻研技术」，「从国外引进新技术」等日文例句。所以这里我们可以认为与『技术』对应的日语单词就是『技術（ぎじゅつ）』。

③「的」　：参照表 5-2，它可以写成片假名「の」。

④「发展」：在汉日辞典中，与之对应的是「❶発展する」，虽具有相同的汉字，可却

是动词。按 单词调查 键进入日汉辞典后，会发现「発展（はってん）」除了是サ行变格活用动词以外也可以作为名词使用。同时，还有「都市の急速な発展」＝「城市的飞速发展」这样的例句，所以可以认为与「发展」对应的日语单词是「発展」。

⑤「社会」：在汉日辞典中进行查询的话，可以发现在日语中也同样使用「社会（しゃかい）」。

⑥「进步」：在汉日辞典中，与之对应的是「❶進歩する」，具有相同的汉字，可却是动词。按 单词调查 键进入日汉辞典后，会发现「進歩（しんぽ）」也可以作为名词使用。并且从附带的英语解释「improvement」＝「progress」可以看出，「进步→発展」。

⑦「与」 ：参照表 5-8，其对应的日语表达形式可以写成平假名「と」。

⑧「人们」：在汉日辞典中出现的检索结果是「多くの人々」，如果把光标移动到「多くの」上面后，按 单词调查 键进入日汉辞典后，可以发现它是「多」的意思，所以「人们」实际上就是「人々（ひとびと）」。这里记号「々」代表前面汉字的重复书写，与「人人」相同。就是代表这个词是复数或者多数的「人」。可是「人々（ひとびと）」在日汉辞典中并没有记载，不过它作为人称代词在表 5-13 中进行了介绍。

⑨「生活」：从汉日辞典中可以知道「生活」对应的日语单词是「生活（せいかつ）」。

⑩「条件」：从汉日辞典中可以知道「条件」对应的日语单词是「条件（じょうけん）」。

⑪「改善」：在汉日辞典中，与之对应的是「改善する」，具有相同的汉字，可却是动词。按 单词调查 键进入日汉辞典后，会发现「改善（かいぜん）」也可以作为名词使用。英语的解释是「improvement」，所以可以认为「改善」对应的日语单词就是「改善」。

⑫「推动」：在汉日辞典中可以查到对应的日语单词为「推進する」，是サ行变格活用动词。另外，汉语中的「了」难以直接翻译成日语，这里把它理解为"过去时"，根据表 4-13 所示把相应的动词写成「推進した」。

这样把汉语的原文进行顺序调整后，再把各个单词用日语表示的话，就变成了下面的形式。

信息技术发展／社会的进步与人们生活条件的改善／<u>推动了</u>。
情報技術発展／社会の進歩と人々生活条件の改善／を推進した。

6.4 利用电子辞典和变换表来进行日语变换

接下来利用 4.5 所示的规则把助词依次插入到文章中去。

① 「情報技術発展」：因为它表示的是「情報技術（的）発展」的意思，所以需要变成「情報技術の発展」。因为这个短语是在句中作主语所以需要添加上「は」，变成「情報技術の発展は」。另外，「情報技術」也可以作为两个名词并列使用，这样就成为「情報の技術の発展は」，因为出现了重复的「の」，所以往往把「情報技術」作为一个名词使用，这样会便于写作或者阅读。

② 「人々生活条件」：因为「人々」修饰了「生活条件」，所以写成「人々の生活条件」。

③ 动词「推進した」的目的语是「人々の生活条件の改善」，所以在两者之间要插入「を」。

通过以上的一系列的步骤，就可以得到下面的日语句子。

⇒情報技術の発展は　社会の進步と　人々の生活条件の改善を　推進した。

句子（1.2）

把最新技术 人们生活 引入 / 社会发展 / 更好 使将。

这里在（1.1）中已经出现过的单词就不再进行说明了。对于新出现的单词说明如下。

① 「把」　：参照表 5-1 将「把～」变成「～を」。

② 「最新」：这个词在汉日辞典中无法直接查到。不过可以把「最」和「新」拆开后再进行检索，「最」表示副词「最も（もっとも）」（表 5-3），「新」是形容词「新しい（あたらしい）」。所以就可以把对应的日文写成「最も新しい」。并且它的后面是与名词接续，从表 4-15 中关于体言修饰形的解释，可以知道「新しい」的体言修饰形就是「新しい」。

③ 「引入」：在汉日辞典中有两种解释，分别是「❶引き入れる」和「❷取り入れる，導入する」。查询 例句 的话，❶中记载了「引入歧途」，❷中记载了「引入新机种」。这样就可以推断，对于本例句的情形，❷是比较恰当的。在❷的解释中，把光标移动到该词汇上之后，按下 单词调查 键进入日汉辞典，就可以发现「導入」是名词或者是サ行变格动词。本例句的场合是名词句作主语，所以根据表 4-14 中的 H，可以将其写成「導入すること」。

④ 「更」　：是副词，根据表 5-3 可以写成「さらに」。

⑤ 「好」　：在汉日辞典中，它是形容词「❶よい，好ましい」，两者意思相近，这里，我们使用「好ましい」。它的后面与动词「使」接续，所以从表 4-2 中用言修饰的说明来看，需要把它变成「好ましく」。

⑥ 「使」　：在汉日辞典中记载有 4 个对应的日语词汇，其中「❷…させる」与汉语

⑦「将」：表示未来时的助动词，参照表 5-17 把它变成「～だろう」。

这样把汉语的原文进行顺序调整后用日语表示的话就变成了下面的形式。

最も新しい技術を　人々の生活　導入すること / 社会発展 / さらに好ましく　するだろう。

接下来，同样利用 4.5 所示的规则把助词依次插入到文章中去。首先，主语句中的「人々の生活」是与后面的动词「導入する」相接续，所以根据 4.5.3 中的说明需要添加上「に」。另外，「社会発展」是「社会（的）発展」的意思，所以在两个词之间插入「の」。而且它将成为后面的谓语句的目的语，所以在后面加上一个「を」，使其变成「社会の発展を」。通过以上的语序变换，单词对译和日语助词插入等步骤，就可以得到以下的日语句子。

⇒最も新しい技術を人々の生活に導入することは　社会の発展を　さらに好ましくするだろう。

句子 (1.3)

家庭远程监护系统 / 作为一种生活质量提高的途径 / 人们的重视 / 受到。

① 「家庭」：「家庭（かてい）」。
② 「远程」：在汉日辞典中「远程」是形容词，对应的日语是「遠距離の」。这里按 单词调查 键跳到日汉辞典后，会出现「遠距離（えんきょり）」这样一个名词。所以通过添加「の」变成「遠距離の」后，就可以用来修饰名词「监护」。
③ 「监护」：在汉日辞典中只是作为法律词汇才有关于「监护」的解释。这个单词本来应该是单词「监督・保护」的缩写词，分别进行检索的话则是「监督（かんとく）」和「保護（ほーご）」。这样在日汉辞典中输入「かん-ご」的话就会出现对应的汉字「監護（かんご）」。在本文中，它是作为专业词汇被使用的，所以把「家庭远程监护系统」这个组合词汇整体用英语来表示其实也可以。这里，我们姑且用「監護」。
④ 「系统」：在汉日辞典中会出现「❶系统，システム」。像这样的用日语的片假名来书写的单词往往是来源于西洋语种的外来语单词。这样按 单词调查 键，进入日汉辞典后，就会发现对应的英语单词是「system」，所以可以确定「系统」对应的日语单词是「システム」。
⑤ 「作为」：参照表 5-1，「作为～」是「～として」。
⑥ 「一种」：在汉日辞典中对「种」进行检索，会出现「種」，也就是「一種」，修饰名词时须添加上「の」变成「一種の」。在日语中如果要表示的数词的数量是

"1"的话，通常会把数量词省略掉。所以这里也不妨将其省略，这样日文会更自然。

⑦「质量」：在汉日辞典中分别记载了「❶（物理）質量」,「❷（製品,仕事などの）質」。本文中的「质量」不是物理学用语，所以选择❷的「質（しつ）」更加合适。

⑧「提高」：在汉日辞典中记载了「高める，向上させる」，选择两个文字的短语「向上させる」按 单词调查 键进入日汉辞典后，会发现「向上（こうじょう）」是名词或者是サ行变格活用的动词。根据表 4-13，可以知道「向上させる」是「向上する」对应的使役形。

⑨「途径」：对汉日辞典中最开始出现的「道」进行 单词调查 的话，会发现它有 A「トウ」，B「ドウ」，C「みち」三种读法。分别进行检索的话会知道第三个「道（みち）」的意思是「road」或「way」的意思。

⑩「重视」：在汉日辞典中记载的是「重んじる，重視する」，选择具有相同汉字的两个文字的常用短语「重視する」的话，按 单词调查 键进入日汉辞典后，会发现「重視（じゅうし）」是名词或者是サ行变格活用的动词。在本文中是动词「受到」的目的语。

⑪「受到」：在汉日辞典中记载了「···を受ける」。这样，我们把光标放到「受ける」上进入日汉辞典后，会发现「受ける（うける）」是下一段活用的动词。在本文中它还表示"现在，正在受到"的意思，所以它是「进行形」，从表 4-4 中 B 的解释可以知道需要写成「受けている」。另外，「受到」也可以翻译成「重视」的动词形式「重視する」的「被动形」。在这种场合时,「受到重视」可写成「重視されている」。同样，「受到欢迎」可写成「歓迎される」。

这样把汉语的原文进行顺序调整后用日语表示的话就变成了下面的形式。

家庭遠距離監護システム / 生活質向上させる道として / 人々の重視 / 受けている。

接下来，同样利用 4.5 所示的规则把助词依次插入到文章中去。最前面的短句是主语句，所以后面需要加上「は」。接下来的短句中,「生活質」将成为动词「向上させる] 的目的语，所以需要加上「を」。另外「生活」修饰「質」，所以在中间需要插入「の」。第三个短句是「受けている」的目的语所以需要添加上「を」。另外,「人々」修饰「重视」，所以需要插入「の」。这样就可以得到下面的日语句子。

⇒家庭遠距離監護システムは　生活の質を向上させる道として　人々の重視を　受けている。

6.4.2 其他句子的变换结果

在接下来的讲解中，我们将省略关于电子辞典或者变换表的具体使用步骤的说明，仅仅叙述要点。

(1.4) 脉搏信号 / 人体生理病理信息 <u>包含</u> 的 / 基本信号 <u>是</u>。

「包含」表示动词「含んでいる」，修饰「基本信号」。根据表 5-17「是」是「である」。这样，日语译文就可以写成下面的句子。

⇒脈拍信号は，人体の生理病理情報を含んでいる基本信号である。

(1.5) 所以，远程脉搏测量装置 / 家庭监护系统的重要组成部分 <u>是</u>。

参照表 5-10 可知「所以」对应「したがって」。在汉日辞典中检索「组成」的话，辞典中记载了动词「構成する」，所以就可以写成「構成する部分」。不过，再进一步查阅 例句 中的解释，就会发现「组成部分」对应「構成要素」。这里，如果选择后者的话，就可以得到下面所示的日语句子。

⇒したがって，遠距離脈拍測量装置は，家庭監護システムの重要な構成要素である。

(1.6) 本研究课题的目的 / 对无线传输的脉搏测量装置 / 开发<u>进行</u> <u>是</u>。

根据表 5-1 中的讲解，「对～」对应的是「～について」。「传输」在汉日辞典中表示为「送る」，不过在 例句 中却有「传输线→伝送線」的记载，所以可以使用「伝送」。这里「进行」是以名词「開発」作为目的语的动词，写成「行う」。另外「开发进行」是前面「是」的对象语，所以这里要对它进行"名词化"这样就会变成「開発を行うこと」。于是，对应的日语译文为：

⇒本研究課題の目的は，無線伝送の脈拍測量装置について開発を行うことである。

(1.7) 本论文 / 主要在如下的三个方面 / 研究 <u>进行了</u>。

「主要」是副词，参照表 5-3，它可以写成「主に（おもに）」。「如下」在汉日辞典中所记载的是终止形的「以下のとおり<u>だ</u>」，这里名词「とおり」修饰名词「三个方面」，所以写成「以下のとおり<u>の</u>」。译文为：

⇒本論文は，主に以下のとおりの 3 つの方面の研究を行った。

(2.1) （无线传输协议 / <u>选择</u>）

在汉日辞典中对「协议」进行检索的话只会出现作为一般词汇的「協議」。可是在本文中它是专业词汇「protocol」的意思。这类词汇的检索方法将在后面进行叙述。另外，这一行其实是"小标题"，并不是一个完整的句子而只是名词短语。可译为：

⇒（無線伝送 protocol の選択）

(2.2) ZigBee 技术 / 一种于数据采集应用<u>专注</u>的新兴无线传输技术 / <u>是</u>。

在汉日辞典中记载了「专注」对应的是「専念している，集中している」，无论哪一个都不是很符合文章的意思。不过因为我们知道它到底要表示什么意思，所以这里姑且使用「集中している」。另外，与 (1.3) 的情况相同，这里将数量词「一种」省略掉。「于～」属于表 5-1 所归纳的内容，它对应了「～に」。译文可写为：

⇒ ZigBee 技术は，データ採集の応用に集中する新興の無線伝送技術である。

(2.3) 它 / 很多优点 / <u>有</u>：功耗 / 低，成本 / 低，时延 / 短，安全 / 可靠，网络容量 / 大 / 等。

"："后面的部分表示列举的各具体事项（优点）。其中很多是在汉日辞典中并没有记载的专业词汇，可以用在汉英辞典中查到的英语单词来表示。「功耗」是「power dissipation」，「时延」是「time delay」。关于专业词汇的英语表示方法将在后面进行详细讲解。于是，可以将对应的译文写为：

⇒それは多くの長所がある：power dissipation が低い，コストが低い，time delay が短い，安全が信頼できる，network 容量が大きい，など。

(2.4) 因此，ZigBee 技术 / 近年 / 在各种各样的应用场合 / 注目 / <u>受到</u>。

根据表 5-10，可以知道「因此」对应的是「このため」。根据表 5-1 可以知道「在～」对应的是「～において」。关于「受到」的翻译的方法在 (1.3) 中已经进行了叙述。

⇒このため，ZigBee 技術は，近年，各種各様の応用場面において注目されている。

(2.5) 比如，家庭自动化，楼宇自动化，遥测控制 / 等。

根据表 5-10，可以知道「比如」对应的是「たとえば」。对于「控制」，在汉日辞典中进行检索的话会出现「コントロールする」，进一步进行 单词调查 进入到日汉辞典后，可以发现「コントロール」既可作名词使用又是サ行变格活用的动词。这里它是名词。这个单词是英语单词「control」的片假名读法。

⇒たとえば，家庭の自動化，建物の自動化，遠隔計測コントロールなどである。

(2.6) 该协议 / 脉搏信号的传输要求 / <u>完全满足</u>，并 很强的组网功能 / <u>具有</u>。

「该」是指示词，根据表 5-12 中的讲解可以知道，它对应的是「この」。「完全」是形容动词，与动词接续时，根据表 4-18 所示要变成「完全に」。「组网」是动词「组成」和名词「网络」的复合单词，所以分别在辞典中进行检索，然后把动词移动到后面，变成了「network を構成する」。「具有」在汉日辞典中对应的是动词「備えている」，可是按 单词调查 键进入日汉辞典后，只出现了名词「備え」。另一方面，如果在汉日辞典中查阅「具有」的 例句 的话，可以知道与「有」相对应的是辅助动词「ある」。这样就变成了下面的日文句子。

⇒この protocol は脈拍信号の伝送の要求を完全に満足し，また強い network 構成機能がある。

(2.7) 于是，本论文 / ZigBee 协议 / 作为无线传输协议 / <u>选用</u>。

接续词「于是」在表 5-10 中对应了「そこで」。「选用」是「选择」和「使用」的复合单词，所以与 (2.6) 中的「组网」同样分别进行检索的话，可以写成「選択して使用する」，这里是表示「过去时」，根据表 4-13，可以写成「選択して使用した」。

⇒そこで，本論文は，ZigBee の protocol を無線伝送 protocol として選択して使用した。

(3.1) (脉搏信号处理的电路 / <u>设计</u>)

这一行是作"小标题"的名词短语。其中「设计」对应的是作为名词使用的「設計」。「电路」在日语中是「電気回路」。

⇒ (脈拍信号処理の設計)

(3.2) 本装置 / 主要 / 由两个部分 / 组成。

关于「由」，我们可以采用表 5-1 中的被动形的表现，把「由～」写成「～で」。

⇒本装置は，おもに，2つの部分で構成される。

(3.3) 第一 / 脉搏信号采取和信号处理的装置 / 是。

「第一‥‥是。」可以写成「第一は，‥‥である。」。「脉搏信号」是「采取」的目的语，所以需要添加上「を」，变成「脈拍信号を採取する」，并且与后面的句子关系是顺接形，所以最终写成「採取して」。这样同样把「信号处理」也进行分割，成为「信号を処理する」，从而保持句型的一致性。

⇒第一は，脈拍信号を採取して処理する装置である。

(3.4) 为了 准确的采样，本装置 / PVDF 压电薄膜脉搏传感器 / 采用了。

根据表 5-1 所示，「为了～」对应了「～のために」。在汉日辞典中关于「采样」记载的是「サンプルを集める」这样的复合动词句。「サンプル」是「样品」，「集める」是「采集」的意思。不过用其来表示原来的汉语单词「采样」显得太长。如果在汉英辞典中进行检索的话，会显示出「sampling」这个单词，这个英语单词在日语中也是可以使用的。在汉日辞典中并没有关于「传感」的解释。而本文中「传感器」对应的英语单词是「sensor」，这里使用英语同样可以。

⇒正確な sampling のために，本装置は PVDF 圧電薄膜 sensor を採用した。

(3.5) 为了 适当的信号处理 <u>进行</u>，对 信号放大器，高低通滤波器和杂质与噪声的抑制电路 / 设计 / <u>进行了</u>。

在汉日辞典中「放大」对应的是动词「大きくする」，所以「放大器」就成为了「大

きくする装置」，如果这样直译读起来就不太像专业文章。在汉英辞典中「放大器」的英语单词是「amplifier」，在日语中也可以使用。同样，为了保持一致性，也可以把「信号」写成「signal」。

「滤波器」可以写成「filter」。「高低通」是「高通」和「低通」的复合单词。在汉英辞典中对「高通」进行检索的话，可以查到「高通滤波器＝ high pass filter」，而「低通滤波器＝ low pass filter」。原文的作者是中国大学的一位硕士生，作者本人知道对应的英语单词是什么，而且日本相关专业的专家教授也知道这些英语单词，所以在开始阶段就用英语书写此类专业词汇也未尝不可。比如「杂质与噪声」其实很难翻译成日语，不过根据这里所叙述的处理方法，把它们合并写成「noise」就完全可以了。

⇒適当な信号処理を行うために，signal amplifier，high pass filter，low pass filter と，noise 抑制の電気回路の設計を行った。

(4.1)（无线发射的模块 / <u>开发</u>）

这又是一个"小标题"名词句。所以，「开发」对应了作为名词使用的「開発」。「模块」在汉日辞典中没有记载，但在汉英辞典中可以查到与之对应的专业词汇是「module」，这也同样适用于日语。

⇒（無線発射 module の開発）

(4.2) 第二部分 / 脉搏信号无线传输的模块 / <u>是</u>。

⇒第二の部分は，脈拍信号の無線伝送の module である。

(4.3) 本装置 / Freescale 的芯片 MC13213 / 作为脉搏信号无线传输的微处理器与 IEEE 802.15.4 的调制解调器 / <u>选择了</u>。

汉日辞典中没有记载「芯片」，可是在汉英辞典中记载了专业词汇「chip」，在日语中同样适用。「微处理器」同样也可以写成「microprocessor」。「调制解调器」作为一个单词在汉英辞典无法查到，但如果分开查则可以查到「调制→ modulation」和「解调器→ demodulator」，在日语译文中使用这些对应的英语专业词汇对于专业人员理解其含义应该没有问题。（这些内容涉及到笔者的专业领域以外的知识，在无法准确地确定与「调制解调器」对应的英语单词的情况下，暂且用「modulator」来表示。）

⇒本装置は，Freescale の chip である MC13213 を，脈拍信号の無線伝送の microprocessor と IEEE802.15.4 の modulator として選択し使用した。

(4.4) 对 无线传输模块的射频部分，时钟模块，电源模块等 / 研究与选择 / <u>做了</u>。

「射频」在汉日辞典中没有记载。在汉英辞典中的解释是「radio frequency」，所以使用这个英文单词就行了。在汉日辞典中检索「时钟」的话会出现「時を告げる時計」这样的复合句。另一方面，在汉英辞典中出现的解释是「clock」，所以「时钟模块」

85

可以写成「clock module」。而「电源模块」则可以写为「power module」。
　⇒無線伝送moduleのradio frequencyの部分，clock module，power moduleなどについて，研究し選択した。

(4.5) 最后，电路原理图与PCB图／<u>绘制了</u>，在Codewarrior环境中／对 软件／编写 <u>进行了</u>。

　　「最后」可以写成表示时间的名词「最後」。因为后面接续谓语句，所以根据4.5.3中的讲解，应添加「に」。在汉日辞典中对「绘制」进行检索的话，出现的记载是「図表を作る」，可是本文的目的语中已经表示了已经绘制了「図（图）」，所以这里只用「作る」就可以了。参照表5-1，「在～」可以写成「～で」。「编写」在日语中对应了动词「編纂する」，可是在表示软件的情况时，英语单词「compile」在日语中也同样适用。另外，「电路原理图」在汉英辞典中的解释是「basic circuit diagram」，所以「原理图」也可以对应日语的「基本図」。不过，这里使用原文的「原理図」似乎更贴切。
　⇒最後に，電気回路原理図とPCB図を作り，Codewarrior環境中でソフトウェアについてコンパイルを行った。

(5.1) 对于脉搏测量装置进行的实验，满意的效果／<u>取得了</u>。

　　参照表5-1，「对于～」对应的是「～について」。「效果」对应的日语中有「効果（effect）」和「よい結果（good result）」两种，本文中是后者，「よい」相当于「满意的」，可是原文中已经提及了，这里只用「結果」就可以。在汉日辞典和日汉辞典中可以查出「取得」对应下一段活用动词「得る（える）」。原文中因为表示过去所以应写成「得た」。
　⇒脈拍測定装置について行った実験は，満足する結果を得た。

　　整理以上内容，初步的日语译文可以表示如下。

【初步的翻译文章】
(1.1) 情報技術の発展は，社会の進歩と人々の生活条件の改善を推進した。
(1.2) 最も新しい技術を人々の生活に導入することは，社会の発展をさらに好ましくするだろう。
(1.3) 家庭遠距離監護システムは，生活の質を向上させる道として，人々の重視を受けている。
(1.4) 脈拍信号は，人体の生理病理情報を含んでいる基本信号である。
(1.5) したがって，遠距離脈拍測量装置は，家庭監護システムの重要な構成要素である。
(1.6) 本研究課題の目的は，無線伝送の脈拍測量装置について開発を行うことである。
(1.7) 本論文は，おもに以下のとおりの3つの方面の研究を行った。

(2.1)（無線伝送 protocol の選択）
(2.2) ZigBee 技術は，データ採集の応用に集中する新興の無線伝送技術である。
(2.3) それは多くの長所がある：power dissipation が低い，コストが低い，time delay が短い，安全が信頼できる，network 容量が大きい，など。
(2.4) このため，ZigBee 技術は，近年，各種各様の応用場面において注目されている。
(2.5) たとえば，家庭の自動化，建物の自動化，遠隔計測コントロールなどである。
(2.6) この protocol は脈拍信号の伝送の要求を完全に満足し，また強い network 構成機能がある。
(2.7) そこで，本論文は，ZigBee の protocol を無線伝送 protocol として選択して使用した。

(3.1)（脈拍信号処理の設計）
(3.2) 本装置は，おもに，2つの部分で構成される。
(3.3) 第一は，脈拍信号を採取して処理する装置である。
(3.4) 正確な sampling のために，本装置は PVDF 圧電薄膜 sensor を採用した。
(3.5) 適当な信号処理を行うために，signal amplifier，high pass filter，low pass filter と，noise 抑制の電気回路の設計を行った。

(4.1)（無線発射 module の開発）
(4.2) 第二の部分は，脈拍信号の無線伝送 module である。
(4.3) 本装置は，Freescale の chip である MC13213 を，脈拍信号の無線伝送の microprocessor と IEEE802.15.4 の modulator として選択し使用した。
(4.4) 無線伝送 module の radio frequency の部分，clock module，power module などについて，研究し選択した。
(4.5) 最後に，電気回路基本図と PCB 図を作り，Codewarrior 環境中でソフトウェアについて compile を行った。

(5.1) 脈拍測定装置について行った実験は，満足する結果を得た。

　　上面的日语译文章尽管还有很多不自然的地方，可是如果拿给日本的专家教授阅读的话，已经基本上能被理解。然后再通过日本教授的修改，就应该可以被进一步改写成下面所示的文章。

【最终的日语文章】
(1.1) 情報技術の発展は，社会の進歩と人々の生活条件の改善を推進してきた。
(1.2) 最新の技術を人々の生活に導入すれば，社会はさらに発展するだろう。
(1.3) 家庭遠距離監護システムは，生活の質を向上させる方法として，注目されている。
(1.4) 脈拍信号は，人体の生理病理情報を含む基本的な信号である。
(1.5) したがって，遠距離脈拍計測装置は，家庭監護システムの重要な構成要素である。
(1.6) 本研究課題の目的は，無線伝送の脈拍計測装置を開発することである。
(1.7) 本論文は，おもに以下に示す3点について研究した。

(2.1)（無線伝送プロトコルの選択）
(2.2) ZigBee 技術は，もっぱらデータ収集に応用される新しい無線伝送技術である。
(2.3) それには多くの長所がある：電力消費が低い，コストが低い，遅延時間が短い，安全信頼性が高い，ネットワーク容量が大きい，など。
(2.4) このため，ZigBee 技術は，近年，各種の応用性が注目されている。
(2.5) たとえば，家庭での自動化，建物内の自動化，遠隔計測コントロールなどである。
(2.6) このプロトコルは脈拍信号の伝送の必要条件を完全に満足し，また強力なネットワーク構成機能がある。
(2.7) そこで，本論文は，ZigBee のプロトコルを無線伝送プロトコルとして採用した。

(3.1)（脈拍信号処理の設計）
(3.2) 本装置は，おもに 2 つの部分で構成される。
(3.3) 第一は，脈拍信号を取り込んで処理する装置である。
(3.4) 正確なサンプリングを行うために，本装置は PVDF 圧電薄膜センサーを採用した。
(3.5) 信号処理を適切に行うために，信号増幅器，ハイパスフィルター，ローパスフィルターと，ノイズ抑制の電気回路を設計した。

(4.1)（無線発射モジュールの開発）
(4.2) 第二の部分は，脈拍信号の無線伝送のモジュールである。
(4.3) 本装置は，Freescale のチップである MC13213 を，脈拍信号の無線伝送のマイクロプロセッサーと IEEE802.15.4 の変調器として採用した。
(4.4) 無線伝送モジュールの発信部分，クロックモジュール，電源モジュールなどについて，検討した。
(4.5) 最後に，電気回路原理図と PCB 図を作り，Codewarrior 環境中でソフトウェアのコンパイルを行った。

(5.1) 脈拍測定装置について実験を行い，良好な結果を得た。

6.4.3　关于专业词汇

很多专业词汇在汉日辞典中无法直接查到。而在汉英辞典中可以检索到的专业词汇比在汉日辞典能够直接查到的专业词汇要多得多。理由有两个，一是理工科的专业词汇大部分都是从西洋引进而来的；二是因为英语是国际通用语言，当然汉英辞典中收录的词汇量会更大。可以看到，在前一节中的日语文章也使用了一些英语单词（或用片假名表示的英语单词）。例如，把第二段落中的"协议"写成"protocol"或者プロトコル。这里，"协议"是计算机信息学科的专业词汇。在汉日辞典中对"协议"进行检索的话，也只会查到作为一般常用词汇的"協議"，可是在汉英辞典中对"协议"进行检索的话，会出现"protocol data unit（协议数据单位）"。汉语原文中应该是把"协议"按照"protocol"的意思来使用的，当然同专业的日本指导教师也同样知道

protocol 的意思。实际上，在英日辞典中进行检索的话，会发现「protocol →プロトコル《コンピューター間のデータ送受信のための規約（电脑之间的数据接收与发送规则）》」。这里给大家一个建议，"对于与其对应的专业日语词汇不是很有把握的专业词汇，尽量使用英语专业词汇来表示"。

在日语中，一般把从西洋引进的外来语按照原来的发音用片假名进行表示。即使在一般词汇中，也有很多这样的例子，比如说テレビ，ラジオ，モダン，ファッション等。对于专业词汇也采取了同样的方法。理工科领域随着时代的变迁被划分得更细，新的词语也不断出现，领域稍有不同的话，即使是专家，对翻译专业词汇也未必有十分的把握。所以，对于专业词汇不一定非要用日语表示，使用英语（或者是表示英语的片假名）是最安全的。特别是像"协议"这样同时可以作为一般词汇和专业词汇的汉语单词，以及"模块（module）"这样根据汉字的意思组合而成的汉语单词，为了避免误解，都应该用英语来表示。

过去，如果说起专业领域的外语学习的话，一般都认为就是学习专业外语词汇。35 年前，当笔者还是学生时，在每个系的图书室内都备有一本很厚的"○○用语辞典"，用来查询英语的专业词汇。而现在它们已经完全失去了作用。专业词汇量与以前相比已经增加了很多。针对这种状况，人们利用电子媒体，正在建立一个大规模的日英专业词汇库。即使这样，对于中国人来讲，仍然首先需要检索到对应的英语专业用语，然后再利用日英专业词汇库来检索对应的日语，实际上是必须花费两倍的时间。专业词汇其实只是一种"记号"，所以我们在遇到不明白该如何直接翻译成日语的专业词汇时，完全可以先使用对应的英语单词，等知道时在把它们替换成日语就可以了。

6.5 利用日语版的 word 来进行写作

6.5.1 使用日语输入法的准备

首先，让我们来设置日语输入法的环境。请参照以下的设置顺序。
① 在桌面下方的汉语的"语言栏"左端的 CH 键进行"右键点击"。
② 在出现的菜单中对"设置"进行"左键点击"，则会出现图 6-2 所示的画面。
③ 按右侧的 添加 后，把上面的菜单打开，这时会出现大约 130 种语言。
④ 在当中选择"日语"，然后按 OK 。

这样就完成了设置操作。以后，只要点击"语言栏"中 CH 的话，你所登陆的语言列表就会出现。再点击其中的"日语"，就会变成了日语输入模式。这时请确认"语

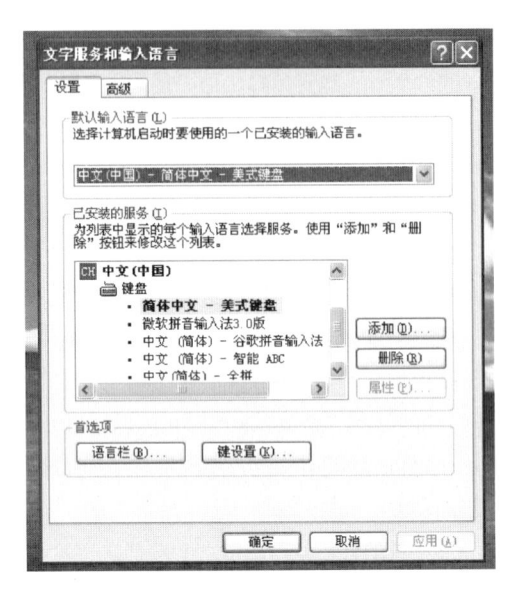

图 6-2　日语输入法的设置画面

言栏"的左数第四个栏中的符号。如果表示为「あ」的话就说明没有问题了。如果不是，则"左键点击"那个符号，会出现输入模式的列，选择其中的「ひらがな(H)」进行"左键点击"。然后列表会自动消失，语言栏将显示为「あ」。另外，关于字体的设置可以在画面上的"字体栏"中进行选择。通常使用的日语的字体是"MS Mincho"，如果想要强调某个字的话一般使用"MS Gothic"（相当于汉语的黑体）。

6.5.2　平假名的输入方法

A. 五十音

输入法采用输入罗马字母的方法进行。罗马字母就是日语的西洋式发音记号，相当于汉语的拼音。另一方面，日语的基本发音则是用平假名来标示的，所以需要知道罗马字母和平假名之间的关系。正如在基础日语课程中所学习过的那样，日语的发音基本要素被称为五十音，就像表 6-1 所表示的那样。

最上面一行的英文字母是子音，最左面一列英文字母是母音。比如想要输入「し」的时候，要输入 [si]。如果想要输入「め」的话需要输入 [me]。因为「あ」「い」「う」「え」「お」没有子音，所只要输入 [a]，[i]，[u]，[e]，[o] 就可以了。比如「愛（あい）」需要输入 [a]-[i]。右下角单独出现的「ん」音通常需要输入 [n]。比如，想要输入「天気（てんき）」的话，需要输入 [te-n-ki]。不过，在下面的场合必须要输入

6.5 利用日语版的 word 来进行写作

表6-1　五十音的罗马字母表示

母音	*	k	s	t	n	h	m	y	r	w
a	あ	か	さ	た	な	は	ま	や	ら	わ
i	い	き	し	ち	に	ひ	み	(い)	り	(い)
u	う	く	す	つ	ぬ	ふ	む	ゆ	る	(う)
e	え	け	せ	て	ね	へ	め	(え)	れ	(え)
o	お	こ	そ	と	の	ほ	も	よ	ろ	を　ん(n)

[nn]：想要输入「かんい（簡易＝简易）」时如果输入 [k] [a] [n] [i] 的话，结果出现的却是「かに（蟹＝螃蟹）」。就是说，电脑并不能自动判断出是 [kan-i] 还是 [ka-ni]。在汉语中"西安"和"先"的拼音也都是相同的吧。这种情况下，在输入日语时需要连续输入两次 [n]（即 [nn]），将罗马字 [n] 先变成「ん」，也就是输入 [k] – [a] – [nn] – [i]，就会出现「かんい」了。

B. 浊音和半浊音

五十音以外，还有浊音和半浊音。它们的罗马字母表示如下。

表6-2　浊音和半浊音

	g (k")	z (s")	d (t")	b (h")	p (hº)
a	[ga]が	[za]ざ	[da]だ	[ba]ば	[pa]ぱ
i	[gi]ぎ	[zi]じ	[di]ぢ	[bi]び	[pi]ぴ
u	[gu]ぐ	[zu]ず	[du]づ	[bu]ぶ	[pu]ぷ
e	[ge]げ	[ze]ぜ	[de]で	[be]べ	[pe]ぺ
o	[go]ご	[zo]ぞ	[do]ど	[bo]ぼ	[po]ぽ

C. 促音

在日语的文章中往往会出现"小的平假名"。典型的一个是「っ」。比如，"学校"的平假名是"がっこう"。这个单词在发音时是在"が"和"こ"之间瞬间少稍微停顿一下。用罗马字母表示的话，则写成"gakkou"。就是在"っ"的地方，用后面的平假名的子音来表示。以下是关于这种发音的一些例子。

表 6-3　含有促音（っ）的单词例子

日语	平假名	罗马字母	汉语意思
達成	たっせい	[tassei]	达成
鉄砲	てっぽう	[teppou]	步枪
失敗	しっぱい	[sippai]	失败
一杯	いっぱい	[ippai]	一杯

D. 拗音

在 [ya] 行中存在 [ゃ], [ゅ], [ょ] 这样的小文字。它们附加在 [い] 列的后面，从而构成了"拗音"。在 word 中用罗马字母输入时，通常在子音的后面附加上 [y]。例如，想要输入 [きゃ] 时需要输入 [kya]。拗音共有 7 种，通常对应了子音中的除了 [あ] 列, [や] 列, [わ] 列的其他 7 列。拗音通常有 [あ] 段, [う] 段, [お] 段 3 种。[い] 段和 [え] 段也有拗音，不过往往只在用片假名表示的西洋外来语，或者在象声词·拟态词等特殊场合中才使用。对此，不作进一步说明。

表 6-4 表示的是一般的子音所对应的拗音。另外，在使用日语版的 word 软件时，[sy] 也可以输入 [sh], [ty] 也可以输入 [ch], 结果都会出现相同的平假名。这主要是因为，大多数西洋语中以 [sh] 开头的单词的发音对应了日语中以 [sy] 开头的单词的发音。[ch] 和 [ty] 也是同样的道理。

表 6-4　拗音（ゃ, ゅ, ょ）

	ky	sy (sh)	ty (ch)	ny	hy	my	ry
a	[kya]きゃ	[sya]しゃ	[tya]ちゃ	[nya]にゃ	[hya]ひゃ	[mya]みゃ	[rya]りゃ
u	[kyu]きゅ	[syu]しゅ	[tyu]ちゅ	[nyu]にゅ	[hyu]ひゅ	[myu]みゅ	[ryu]りゅ
o	[kyo]きょ	[syo]しょ	[tyo]ちょ	[nyo]にょ	[hyo]ひょ	[myo]みょ	[ryo]りょ

拗音中也有浊音和半浊音，如表 6-5 所示。通常的浊音·半浊音，如表 6-2 所表示的那样，有 [g, z, d, b, p] 5 种。表 6-5 中的前 3 列对应了 [g, b, p], 而 [z,

表 6-5　浊音·半浊音的拗音

	gy	by	py	j (z, d)
a	[gya]ぎゃ	[bya]びゃ	[pya]ぴゃ	[ja]じゃ
u	[gyu]ぎゅ	[byu]びゅ	[pyu]ぴゅ	[ju]じゅ
o	[gyo]ぎょ	[byo]びょ	[pyo]ぴょ	[jo]じょ

d］都对应了 [j]。就是说在现代日语中 [じ] 和 [ぢ] 被认为具有相同的发音，所以在拗音中，统一使用 [じ]，在用罗马字母输入时需要输入 [j]。

6.5.3 汉字的变换选择确认方法

在日语版 word 软件中，从罗马字变换成汉字的过程与汉语中通过拼音变换汉字的过程类似。下面以「研究（けんきゅう）」这个单词为例，说明日语汉字的输入方法。首先输入罗马字母 [ke-n-kyu-u]，则会出现带有下点线的平假名「けんきゅう」。然后按空格键的话就会出现「研究」这个词。这里首先出现的是使用频度最高的汉字词汇。如果首先出现的汉字不是想要输入的汉字，而需选择其他的汉字单词时，则需再按一次空格键。这样具有相同读音的其他汉字单词的候补选项列表就会出现。例如想要输入「階段（かいだん）」这个汉字词汇的话，在输入 [ka-i-da-n] 后按空格键，则首先出现的是「会談（会谈）」，它与「階段（かいだん）」在日语中具有同样的发音。这样再一次按空格键后发音为「かいだん」的单词候补选项列表就会出现，然后从中选择就可以了。

如果想要把整个句子全部都输入后再进行变换的话，想要一次完全出现想写的汉字单词很难。这里建议大家分别对每个单词进行汉字变换。

6.5.4 英文字母和符号的输入方法

在文章中如果想要输入英文字母或者符号的时候，在"语言栏"中标记有"あ"的地方"左键点击"，这样会出现输入模式菜单。这里对"半角英数 (P)"进行"左键点击"的话，菜单会自动关闭，"语言栏"会显示为半角的 [A]。

图 6-3　日语键盘

输入「（　）」,「"　"」,「＋，一」等符号时，需要注意的是，这些特殊符号在日语键盘中的排列位置与汉语键盘不同。图6-3表示的是日语键盘。

用汉语键盘输入日语时，想要输入「(」的话，需要同时按「上档键」和「8」。同样想要输入「"」的话需要同时按「上档键」和「2」。

7 翻 译 例 子

本章主要通过理工科的学术文章作为例文，向大家展示之前所述的日语文章的翻译法。这里，对如何使用电子辞典以及变换表（第4章，第5章）进行检索不做特别的讲解，只对个别在电子辞典中难以检索的日语进行说明。

这里使用的例文主要引用了毕业于赴日预备学校并且已经在东京工业大学开始攻读博士学位的学生的硕士论文摘要，都是汉语文章。在这些例文中，为了更方便地翻译成日语，一些文章的一部分被进行了短文化。

例文-1 波面传热板的应力分析与测试（许晓飞）

【1. 汉语原文】
　　波面板换热器是一种新型的换热设备，具有广泛的应用前景。以往对波面板换热器的研究主要集中在设备的传热特性及流动特性的研究，而对其制造过程中的板材变形及应力分布和使用过程中的应力状态及强度等力学行为的分析和研究较少。本文借助 ANSYS 有限元分析软件，采用有限元分析的方法，对波面传热板进行分析，利用有限元前处理程序建立了合理的力学模型。对单元选择，网格划分，焊接关系的模拟以及加载求解做了介绍，并使用 ANSYS 提供的参数化编程语言编制了程序。通过 ANSYS 计算，得到了波面传热板在制造和使用过程中的详细的应力分布情况，填补了这方面的空缺，对波面传热板的设计和制造提供一定的依据。
　　本文首次在波面传热板有限元模型的节点与节点之间，引入 MPC184 单元来模拟点焊焊接关系。这种模拟焊接的方式，考虑了焊点半径，又避免了传统算法要求对局部网格进行细化处理，减轻了工作量。在建立焊点关系过程中，采用自动投影的方法，可以在任何空间坐标来确定点焊位置。缝焊类似点焊，它是由焊点前后搭接形成的，因此，焊缝模拟同样是通过多个焊点连接而成的。
　　本文针对两种不同结构形式的波面传热板，即无折流焊缝和带折流焊缝波面板，进行详细地分析和模拟计算。
　　模拟计算结果表明，采用程序计算得到的板片变形图，较好地反映了实际加工的板片变形形状。对板片上应力进行路径分析，得到了波面传热板板面上不同的路径方向上应力分布情况。由应力分布情况得出，在焊点附近的等效应力较大，存在明显的应力集中现象，同时由于折流缝焊的存在，增加了波面传热板强度。应力在焊点附近的分布是不均匀的，

且存在较明显的应力突变现象。采用脆性失效准则校核，得出了易于出现强度破坏的焊点位置，其与试验结果吻合情况较好。

本文采用电测法，对不同内压下波面传热板板片上的应力进行了测量。模拟计算与试验测量结果基本吻合，表明采用的点焊连接模拟方法对复杂曲面的波面传热板传热元件进行模拟计算是行之有效的方法。

首先，完全遵循原文的意思进行了短文化。其中，(2.2)～(2.4)所示的句子是把长句进行分割后对每个从句进行的排列，每个从句的开头空出一格以示从属关系。

【短化后的文章】
(1.1) 波面板换热器是，一种新型的具有广泛应用前景的换热设备。
(1.2) 图-1 表示波面板换热器的示意图；工作流体通过由点焊做的网络性流路。
(1.3) 分开与合并的流动，使在流体与外界之间的换热效率更高。
(1.4) 以往有很多关于设备的传热特性及设备内流动特性的基础研究。
(1.5) 可是，为了具有实用价值，对在制造和使用过程中的波面板力学特性进行分析也很重要。
(1.6) 所以，本研究课题，使用有限元分析软件 ANSYS，对波面板进行了力学分析。

(2.1) 本论文主要在如下的三个方面进行研究。
(2.2) · 使用 ANSYS 提供的参数化编程语言，编制模拟波面板力学行为的程序。
(2.3) · 详细分析波面传热板在制造和使用过程中的应力分布。
(2.4) · 核对模拟计算结果和实验结果，评价本研究开发模型的工作性能。
(2.5) 以此，本轮文对波面传热板的设计和制造提供一定的依据。

(3.1) 本研究建立的有限元模型有如下列举的特点。
(3.2) · 为了模拟点焊焊接关系，本文在模型的节点与节点之间，引入了 MPC184 单元。
(3.3) · 这种模拟方法的优点是，由于考虑焊点半径，可能避免了网格的局部细化，减轻了工作量的。
(3.4) · 同时，采用了自动投影的方法，可以在任何空间坐标确定焊点位置。
(3.5) · 对缝焊模拟也通过多点焊连接来模拟。

(4.1) 使用上述的数值模型，对在制造和使用过程中的两种类型的波面板上的力学行为进行了模拟；
(4.2) · ①无折流焊缝波面板，②带折流焊缝波面板。
(4.3) · 折流焊缝就是，为了改变流体流动方向的细长条儿。(参照 图-1)
(4.4) 把计算结果的数据，进行路径分析，得到了不同方向上的应力分布情况。
(4.5) 分析结果表明了，如下列举的现象。
(4.6) · 在焊点附近的等效应力较大，存在明显的应力集中现象。
(4.7) · 折流缝焊的存在，增加了波面传热板强度。
(4.8) · 评价焊点是否失效，采用了脆性失效准则，得到了容易失效的焊点位置。

(5.1) 采用电测法，对不同内压下波面传热板板片上的应力进行了测量。
(5.2) 核对模拟计算结果和实验结果表明了如下的事实。
(5.3) ・计算得到的波面板变形较好反映了实际加工的波面板变形的形状。
(5.4) ・计算得到的容易破坏焊点位置，与实验结果相同。
(5.5) ・上述的事实表示，本研究开发的点焊连接模拟方法，对波面传热板的设计和制造，是一个很有效的方法。

接下来，把每个句子中的动词分别移动到与其对应的节或者句子的最后。例如，(1.1) 中的"是"是句子中的动词，所以放到了最后。另外，"具有"是作为修饰句"具有广泛应用前景"中的动词，所以它被放到了"前景"的后面。

【排列顺序变换后的文章】
　　　／下划线／：移动到后面的用言。（括号内的文字）：移动之前用言所在位置。
　　　双下划线：利用第五章的表进行变换时位置发生变化的虚词。
(1.1) 波面板换热器（是）一种新型的（具有）广泛应用前景／具有／的换热设备／是／。
(1.2) 图-1（表示）波面板换热器的示意图／表示／；工作流体（通过）由点焊做的网络性流路／通过／。
(1.3) 分开与合并的流动（使）在流体与外界之间的换热效率更高／使／。
(1.4) 以往（有）很多关于设备的传热特性及设备内流动特性的基础研究／有／。
(1.5) 可是为了（具有）实用价值／具有／对在制造和使用过程中的波面板力学特性（进行）分析／进行／也很重要。
(1.6) 所以，本研究课题（使用）有限元分析软件 ANSYS／使用／，对波面板（进行了）力学分析／进行了／。

(2.1) 本论文主要在如下的三个方面（进行）研究／进行／。
(2.2) ・（使用）ANSYS 提供的参数化编程语言／使用／，（编制）（模拟）波面板力学行为／模拟／的／程序／编制／。
(2.3) ・（详细分析）波面传热板／在制造和使用过程中的应力分布／详细分析／。
(2.4) ・（核对）模拟计算结果和实验结果／核对／，（评价）本研究开发模型的工作性能／评价／。
(2.5) 以此，本轮文对波面传热板的设计和制造（提供）一定的依据／提供／。

(3.1) 本研究建立的有限元模型（有）如下列举的特点／有／。
(3.2) ・为了（模拟）点焊焊接关系模拟，本文在模型的节点与节点之间（引入了）MPC184 单元／引入了／。
(3.3) ・这种模拟方法的优点（是），由于（考虑）焊点半径／考虑／，（避免）网格的局部细化／避免／，（减轻可能了）工作量／减轻可能了／的／是／。
(3.4) ・同时，（采用了）自动投影的方法／采用了／，（可以）在任何空间坐标（确定）焊点位置／确定／可以／。
(3.5) ・对缝焊模拟也通过多点焊连接来模拟。

(4.1)（使用）上述的数值模型／<u>使用</u>／，对在制造和使用过程中的两种类型的波面板上的力学行为（进行了）模拟<u>进行了</u>／；
(4.2)・①（无）折流焊缝／<u>无</u>／波面板，②（带）折流焊缝／<u>带</u>／波面板。
(4.3)・折流焊缝（就是），<u>为了</u>（改变）流体流动方向／<u>改变</u>／的／细长条儿／<u>就是</u>／。（参照 图-1）
(4.4)把计算结果的数据（进行）路径分析／<u>进行</u>／，（得到了）不同方向上的应力分布情况／<u>得到了</u>／。
(4.5)分析结果（表明了）如下列举的现象／<u>表明了</u>／。
(4.6)・<u>在焊点附近的等效应力</u>／较大，（存在）明显的应力集中现象／<u>存在</u>／。
(4.7)・折流缝焊的存在，（增加了）波面传热板强度／<u>增加了</u>／。
(4.8)・（评价）焊点是否失效／<u>评价</u>／，（采用了）脆性失效准则／<u>采用了</u>／，（得到了）容易失效的焊点位置／<u>得到了</u>／。

(5.1)（评价）电测法／<u>采用</u>／，对不同内压下波面传热板板片上的应力（进行了）测量／<u>进行了</u>／。
(5.2)（核对）模拟计算结果和实验结果／<u>核对</u>／（表明了）如下的事实／<u>表明了</u>／。
(5.3)・计算得到的波面板变形（较好反映了）实际加工的波面板变形的形状／<u>较好反映了</u>／。
(5.4)・计算得到的容易破坏焊点位置，与实验结果相同。
(5.5)上述的事实（表示），本研究开发的点焊连接模拟方法，对波面传热板的设计和制造，（是）一个很有效的方法／<u>是</u>／／<u>表示</u>／。

按照上面所示的语法顺序，把每个单词进行了日语变换。变换时，请使用电子辞典以及第四章，第五章的变换表。可是在变换的过程中也存在着比较难的单词。这样的单词被添加了下划线，之后会进行更详细的讲解。

【首次翻译后的日语文章】
　　下划线：需要进一步讲解的单词。
(1.1) 波面板の <u>heat exchanger</u> は，新型の広範な応用前途を<u>もつ</u>熱交換設備である。
(1.2) 図-1 は，波面板の heat exchange の説明図を示している：<u>working fluid</u> は <u>spot</u> 溶接が作ったネットワーク性の流路を通過する。
(1.3) 分かれて合併する流動が，流体と外界の間における熱交換効率を，さらに高くする。
(1.4) 以前は，多くの設備の伝熱特性および設備内の流動特性の基礎研究があった。
(1.5) しかし，実用価値をもつためには，製造と使用の過程における波面板の力学特性について分析することも重要である。
(1.6) そこで，本研究課題は，<u>Finite Element Method</u> の分析ソフト ANSYS を使用して，波面板について力学分析を行った。

(2.1) 本論文は，主に以下の 3 つの方面について研究を行った。
(2.2)・ANSYS が提供するパラメーター化プログラミング言語を使用し，波面板の力学的行為を <u>simulation</u> する<u>プログラム</u>を<u>作った</u>。
(2.3)・波面伝熱板の製造と使用過程中の応力分布を詳細に分析した。

(2.4) ・simulation 計算の結果と実験結果を照らし合わせ，本研究が開発したモデル仕事性能を評価した。
(2.5) これをもって，本論文は，波面伝熱板の設計と製造について，一定の根拠を提供した。

(3.1) 本研究が築いた有限要素モデルは，以下に列挙する特長がある。
(3.2) ・spot 溶接の関係を simulation するために，本文は，モデルの node と node の間で MPC184element を導入した。
(3.3) ・この種類の方法の長所は，溶接点半径を考慮することにより，grid の局部の細分化を免れ，仕事量を軽減できるものである。
(3.4) ・同時に，自動投影の方法を採用し，どのような空間座標でも溶接点位置を確定できる。
(3.5) seam 溶接に対しても，多くのスポット溶接をつなぐことを通して simulation を行う。

(4.1) 上述の数値モデルを使用して，製造と使用過程における 2 種の類型の波面板上の力学行為の simulation を行った。
(4.2) ・①折流焊縫がない波面板，②折流焊縫がある波面板
(4.3) ・折流焊縫は，流体の流動方向を変える seam 溶接である。
(4.4) 計算結果のデータを path 分析して，違っている方向上の応力分布状況を得た。
(4.5) 分析結果は，以下に列挙する現象を示した。
(4.6) ・溶接点付近の equivalent な応力は比較的大きく，clear な応力集中現象が存在する。
(4.7) ・折流焊縫の存在は，波面伝熱板の強度を増加させた。
(4.8) ・溶接点が失効するかどうかの評価は，脆性失効原則を採用し，容易に失効する溶接点の位置を得た。

(5.1) 電気計測法を採用し，違った内圧下で波面板の板片の応力を測量した。
(5.2) simulation 計算の結果と実験結果を照らし合わせ，以下の事実を示した。
(5.3) ・計算が得た波面板の変形は，実際に加工した波面板の変形の形状を比較的よく反映した。
(5.4) ・計算が得た容易に破壊する溶接点位置は，実験結果と同じだった。
(5.5) 上述の事実は，本研究が開発した spot 溶接をつなぐ simulation 方法が，波面伝熱板の設計と製造に対して，有効な方法であることを示した。

【下划线部分的解说】

heat exchanger（换热器）：在中日辞典中「換」对应了动词「交換（こうかん）する」。「熱」对应的是「熱（ねつ）」，所以结合起来就是"熱を交換する器械（交換热的机械）"。可是按单词跳查键在汉日辞典对「交換」进行检索之后，发现它也可以作为名词使用，所以可以把前面结合的词语缩写成「熱交換器」。可是只要知道与作者使用的单词对应的英语单词的话，使用英语单词是最准确无误的。

7　翻译例子

- <u>もつ</u>（具有）：在汉日辞典中它对应的日语单词是「備えている。もっている。」，使用单词跳查在日汉辞典中进行检索的结果是没有与其相对应的动词。另一方面，在汉英辞典中与「具有」相对应的英语单词一般被认为是动词「have」，所以就是基础日语中学过的「もつ（持つ）」。并且，大家应该发现「もっている」是「もつ」的"进行时态"。在本文中它与名词「换热设备」接续。在日汉辞典中检索「もつ」的话，会发现它是五段活用动词，所以参照表 4-10 的 H，这里应该使用「もつ」。
- <u>working fluid</u>（工作流体）：与其对应的日语是「作业流体」，可是作为专业词汇，在汉日辞典中检索不到，所以这里用英语单词「working fluid」就可以。
- <u>spot 溶接</u>（点焊）：「焊」是「焊接」的减缩形式，在日汉辞典中与「焊接」对应的日语单词是「溶接（ようせつ）」。另一方面，在汉英辞典中与「点焊」对应的英语单词是「spot welding」。所以其实就是「spot＝点」，「welding＝焊接」，这里结合两者综合考虑的话就可以写成「spot 溶接」。
- <u>Finite Element Method</u>（有限元）：对应的日语单词是「有限要素法」，同样作为专业词汇，在汉日辞典中并没有记载。另外，英语单词的 Finite Element Method 在日本也是被经常使用的单词，所以可以直接使用英语单词。无论是日语中的「有限要素法」还是汉语中的「有限元法」，这样的单词都是各个国家根据自国语言特性从原本的英语单词翻译过来的。
- <u>以下の 3 つの方面について</u>（如下的三个方面）：参照表 5-12「如下」对应的日语是「以下の」。参照表 5-16「三个」对应的是「3つ」。根据汉日辞典中的记载与「方面」对应的是「方面」。
- <u>simulation する</u>（模拟的）：在汉日辞典中检索「模拟」的话，发现辞典中仅仅记载了通常意义的解释「まねる」，这里与它对应的英语单词是「simulation」。如 3.2.2 中所叙述的那样，在日语中在名词的后面附加上「する」就可以形成サ行变格活用动词。这里所说的名词即使是西洋语的单词也可以。这样就可以写成「simulation する」。
- <u>作った</u>（编制）：在汉日辞典中「编制」对应的是第二种解释「❷計画や規定などを作る」中的「作る」。在这个句子中因为是过去时，所以这里使用「作った」。
- <u>これをもって</u>（以此）：参照表 5-11，「此」对应的是「これ」。参照表 5-1「以～」对应的是「～をもって」。
- <u>一定の</u>（一定的）：这种场合它是作为形容词被使用的。在汉日辞典中作为形容词记载了 3 种意思，查看例句的话，可以发现它与例句❸「达到一定的水平。我们的工作已经取得了一定的成绩。」中的单词的意思最接近，所以这里采用了❸中记

载的单词。

node（节点）：在汉日辞典中没有记载于它对应的日语单词，这里使用对应的英语单词 node。实际上日语中也使用「節点」这个单词。可是，在汉日辞典中没有被记载的场合，使用英语单词是最合理。

element（单元）：在汉日辞典中尽管有 3 个候补选项，可是查看例句的话，发现并没有完全合适的例句。这里，与它对应的英语单词通常是「unit」或者「element」，可是在这个句子中因为提及了「Finite Element Method」，所以「element」比较合适。

grid（网格）：在汉日辞典中没有记载与「网格」对应的日语单词，可是在汉英辞典中，可以发现对应的英语单词是「mesh」或者「grid」。这样就可以知道对应的日语是「格子」，可是同样使用「mesh」更是没有任何错误。

局部の細分化（局部细化）：「细化」是「细分化」的减缩形式，所以可以直接使用汉字相对应的日语单词。

どのような空間座標でも（任何空间坐标）：在汉日辞典中与「任何」对应的是「どのような…でも」，所以「…」的部分插入「空间坐标＝空間座標」就可以了。

seam 溶接（缝焊）：在汉英辞典中检索「缝焊」的话，发现对应的英语单词是「seam welding」。这里「seam ＝缝」，「welding ＝焊接」，所以与「点焊→ spot 溶接」同样的道理，这里使用「缝焊→ seam 溶接」。

多くのスポット溶接をつなぐこと（通过多点焊连接）

simulation を行う（来模拟）：考虑成「进行模拟」的意思，进行了翻译。

折流焊缝：这是比较难以翻译的单词。即使是英语单词也不容易查询。可是这里，在下一行中进行了具体的说明，这里就是用原来的单词。

path 分析（路径分析）：在汉日辞典中记载了 2 个候补选项，可是哪个都不是很合适。这里使用它对应的英语单词「path」。

比较的（较）：在汉日辞典中，对应的日语解释不是很明确。这里「较」与「比较」相同，所以参照表 5-3，使用「比较的」。像这样的场合，把具有广泛意义的"一个字的单词"变换成相同意义的"2 个字的单词"比较便于翻译。

equivalent な（等效）：在汉日辞典中与「等效」对应的日语单词没有明确的记载，在汉英辞典中对应的是形容词「equivalent」。如 4.3 中所叙述的那样，在日语中，把汉语的形容词附加上「だ」的话就可以作为形容动词使用，即使是外语的形容词也是同样的道理。这个句子中它是修饰名词「应力」，所以参照表 4-19，使用「equivalent な」。另外，在日语中与它对应的合适的单词是「等価な」，可是

101

在汉日辞典中没有记载。

clear な（明显）：在汉日辞典中与「明显」对应的日语单词没有记载，在汉英辞典中对应的是形容词「clear」。这里与「等效（equivalent）」的场合相同，使用「clear な」。

増加させた（增加了）：「增加」对应的日语单词是サ行变格活用的动词「増加」。这里应为在它的后面接续了目的语，作为使役形同时又是过去形，所以使用「増加させた」。

首次翻译后的文章内容，已经大概可以被日本人所理解。这样，就可以更进一步的得到日本人的添加修改，从而使文章变的更地道。以下的文章就是笔者修改后的文章。因为笔者的专业不是机械工学，所以有一些涉及到专业词汇的地方有可能翻译的不是十分恰当。可是，能够达到这种程度就已经足够了。

【最终的日语文章】
(1.1) 波面板式熱交換器は，広い応用可能性をもつ新型の熱交換設備である。
(1.2) 図-1 は波面板式熱交換器の説明図である。作業流体は spot 溶接が作る網目状の流路を通過する。
(1.3) 分合を繰り返す流れにより，流体と外部の熱交換の効率が向上する。
(1.4) 以前の研究の多くは，設備の伝熱特性と流動特性に関する基礎的研究に集中していた。
(1.5) しかし実用的見地からは，製造および使用過程における波面板の力学特性を解析しておくことも重要である。
(1.6) そこで本研究では，有限要素解析ソフトの ANSYS を用いて，波面板の力学的解析を行った。

(2.1) 本論文では，おもに以下の 3 点について研究した。
(2.2) ・ANSYS に基づき，波面板の力学的挙動をシミュレーションするプログラムを作成した。
(2.3) ・波面伝熱板の製造と使用過程の応力分布を詳細に解析した。
(2.4) ・シミュレーション結果と実験結果を比較し，本研究で開発したモデルの性能を評価した。
(2.5) 以上より，波面伝熱板の設計と製造に関して，一定の根拠を提供した。

(3.1) 本研究で構築した有限要素モデルは，以下の特長を有する。
(3.2) ・spot 溶接の関係をモデル化するために，本論文では節点間に MPC184 という要素を導入した。
(3.3) ・この方法は，溶接の影響半径を考慮することにより，格子を局所的に細分化する必要がなく，計算量を軽減できることが長所である。

(3.4)・同時に，自動投影法を採用し，どのような座標系でも溶接点位置を設定できるようにした。
(3.5)・seam 溶接については，多数の spot 溶接を連接してモデル化した。

(4.1) 上述の数値モデルを使用し，以下の2種類の波面板について，製造と使用過程における力学的挙動をシミュレーションした。
(4.2)・Case-1：折流焊縫がない波面板，Case-2：折流焊縫がある波面板。
(4.3)・折流焊縫は，流れの方向を変えるための seam 溶接である。
(4.4) 計算結果を path 解析し，異なる方向の応力分布を求めた。
(4.5) 解析結果から，以下のような現象が明らかになった。
(4.6)・溶接部付近の等価応力は比較的大きく，明確な応力集中が発生する。
(4.7)・折流焊縫により，波面伝熱板の強度が増加する。
(4.8)・脆性破壊基準を採用して溶接点の破壊を評価し，破壊しやすい溶接点位置を求めた。

(5.1) 電気計測法により，異なる内圧下での波面板の応力を計測した。
(5.2) シミュレーション結果と実験結果を比較したところ，以下のことが明らかになった。
(5.3)・計算で得られた波面板の変形は，実験した波面板の変形と比較的よく一致した。
(5.4)・破壊しやすい溶接点の位置は，計算と実験でよく一致した。
(5.5) 以上から，spot 溶接を連接するという本研究のシミュレーション手法が，波面伝熱板の設計と製造に有効な方法であることが結論された。

例文-2 中小学信息技术教师心理契约的内容与构建（郑一）

【1. 汉语原文】
　　课程发展离不开教师主动性，创造性的实践活动。特别是在信息技术课程刚刚起步，人们认识不一致，课程自身不完善的情况下，教师主体性作用的发挥成为课程发展不可或缺的动力。当各种课程政策在学校系统贯彻执行时，了解教师的现实处境，明确他们对学校的具体期望，将有利于从学校层面为教师提供支持，促进教师及课程的互动发展。
　　"心理契约"理论是组织行为学和管理心理学的重要研究内容。相对于显性的经济契约，心理契约是非正式但又真实存在的隐性契约关系。它集中体现了人的真实的主观愿望，心理需求，以及对相对方应然取向的自我设定，为我们研究学校组织中教师的所思所想，研究他们需要的支持和帮助，提供了一个新的视角。本文以心理契约理论为基础，考察信息技术教师围绕课程发展问题对学校的各种期望，目的是透过这些期望，探究信息技术课程进一步发展的着力点和教师良好心理契约的构建。研究主要结论如下：
　　1. 信息技术教师心理契约由信息技术教师认为学校对教师的期望和信息技术教师对学校的期望两部分构成。其中，学校对信息技术教师的期望包括培养学生信息素养，指导技术应用，发展课程，自我发展，良好的职业道德等五个结构维度；信息技术教师对学校的期望包括完善信息化环境，支持教师专业发展，良好的信息文化，课程发展的制度保障，价值认定等五个结构维度。
　　2. 信息技术教师心理契约的影响因素包括背景因素和政策因素，影响显著的背景因素

包括性别，工作年限，学校类别和学校整体信息文化；影响显著的政策因素包括国家基础教育课程改革和地方性信息技术课程相关政策。

  3. 心理契约的管理与构建是发挥信息技术教师心理契约功能的重要工作，为此研究认为可以从以下四个方面进行：建立技术愿景，引导信息技术教师专业发展；建立共同愿景，加强信息技术教师职业生涯管理；建立激励机制，规范信息技术教师的评价奖励制度；建立动态管理，形成信息技术教师对学校的信任。

【短化后的文章】
(1.1) 任何课程发展都离不开教师主动的，创造性的实践活动。
(1.2) 特别是现在信息技术课程刚刚起步，课程自身也不完善，所以教师的作用是课程发展不可缺少的动力。
(1.3) 在这种情况下，学校要给教师帮助并支持他们主体性作用的发挥。
(1.4) 本文，分析信息技术教师对学校的期望，考察促进教师和学校共同发展的方法。

(2.1) 心理契约是企业与员工间的非正式相互的期待。
(2.2) 比如，企业期望员工改良工作方法，而员工期望企业接受和支持他们为了企业发展提出的建议。
(2.3) 与显性的经济契约相比，心理契约是非正式的，但对企业发展来说是很重要的契约关系。

(3.1) 根据心理契约的理论，本文主要考察了如下的三点。
(3.2) ·信息技术教师对学校的各种期待。
(3.3) ·影响信息技术教师心理契约的主要因素。
(3.4) ·信息技术课程进一步发展的重点和教师良好心理契约的创造。

(4.1) 研究主要结论如下。

(5.1) 信息技术教师心理契约有两个方面：
(5.2) ·第一，教师对学校的期望；第二，教师认为学校对他们的期望。
(5.3) 信息技术教师对学校的期望包括五个方面：
(5.4) ①完善信息化环境，②支持教师专业发展，③良好的信息氛围，④课程发展的制度保障，⑤价值认定。
(5.5) 学校对信息技术教师的期望包括五个方面：
(5.6) ·①培养学生信息素养，②指导技术应用，③发展课程，④自我发展，⑤良好的职业道德。

(6.1) 信息技术教师的心理契约的影响因素大致可划分为背景因素和政策因素。
(6.2) 重要的背景因素包括：性别，工作年限，学校的种类，和各学校整体的信息氛围。
(6.3) 重要的政策因素包括：全国性的对基础教育课程的改革，和地方性的关于信息技术课程的相关政策。

(7.1) 对心理契约的建立与管理，通过研究，作者认为可以从以下四个方面进行：
(7.2) · 建立技术目标，引导信息技术教师这个专业的发展。
(7.3) · 建立共同的目标，加强信息技术教师的职业生涯的管理。
(7.4) · 规范化信息技术教师的表扬和奖励制度。
(7.5) · 建立动态管理，形成信息技术教师对学校的信任

【排列顺序变换后的文章】
/ 下划线 /：移动到后面的用言。（括号内的文字）：移动之前用言所在位置。
双下划线：利用第五章的表进行变换时位置发生变化的虚词。

(1.1) 任何课程发展都（离不开）教师主动的，创造性的实践活动 / 离不开 /。
(1.2) 特别是现在信息技术课程刚刚起步，课程自身也不完善，所以教师的作用（是）课程发展不可缺少的动力 / 是 /。
(1.3) 在这种情况下，学校（要）（给）教师（帮助并支持）他们主体性作用的发挥 / 帮助并支持 / 给 / 要。
(1.4) 本文以"心理契约理论"为基础，（分析）信息技术教师对学校的期望 / 分析 /，（考察）（促进）教师和学校共同发展 / 促进 / 的方法 / 考察 /。

(2.1) 心理契约（是）企业与员工间的非正式相互的期待 / 是 /。
(2.2) 比如，企业（期望）员工（改良）工作方法 / 改良 / 期望 /，而员工企业（接受和支持）他们为了企业发展提出的建议 / 接受和支持 / 期望 /。
(2.3) 与明确的经济契约相比，心理契约（是）非正式的 / 是 /，但对企业发展来说（是）很重要的契约关系 / 是 /。

(3.1) 根据心理契约的理论，本文主要（考察了）如下的三点 / 考察了 /。
(3.2) · 信息技术教师对学校的各种期待。
(3.3) · （影响）信息技术教师心理契约 / 影响 / 的 / 主要因素。
(3.4) · 信息技术课程进一步发展的重点和教师良好心理契约的创造。

(4.1) 研究主要结论如下。

(5.1) 信息技术教师心理契约（有）两个方面 / 有 / :
(5.2) · 第一，教师对学校的期望；第二，教师认为学校对他们的期望。
(5.3) 信息技术教师对学校的期望（包括）五个方面 / 包括 / :
(5.4) ①完善信息化环境，②（支持）教师专业发展 / 支持 /，③良好的信息氛围，④课程发展的制度保障，⑤价值认定。
(5.5) 学校对信息技术教师的期望（包括）五个方面 / 包括 / :
(5.6) ①（培养）学生信息素养 / 培养 /，②（指导）技术应用 / 指导 /，③课程 / 发展 /，④自我发展，⑤良好的职业道德。

(6.1) 信息技术教师的心理契约的影响因素大致（可）（划分为）背景因素和政策因素 / 划分

(6.2) 重要的背景因素（包括）性别，工作年限，学校的种类，和各学校整体的信息氛围 / <u>包括</u> / 。
(6.3) 重要的政策因素（包括）全国性的<u>对</u>基础教育课程的改革，和地方性的关于信息技术课程的相关政策 / <u>包括</u> / 。

(7.1) 对心理契约的建立与管理，<u>通过</u>研究，作者（认为）（可以）从以下四个方面进行 / <u>可以</u> / <u>认为</u> / ：
(7.2) ・（建立）技术目标 / <u>建立</u> / ，（引导）信息技术教师这个专业的发展 / <u>引导</u> / 。
(7.3) ・（建立）共同的目标 / <u>建立</u> / ，（加强）信息技术教师的职业生涯的管理 / <u>加强</u> / 。
(7.4) ・（规范化）信息技术教师的表扬和奖励制度 / <u>规范化</u> / 。
(7.5) ・（建立）动态管理 / <u>建立</u> / ，（形成）信息技术教师对学校的信任 / <u>形成</u> / 。

【首次翻译后的文章】
　　下划线：需要进一步讲解的单词。
(1.1) いかなる<u>カリキュラム</u>の発展も，教師の<u>自発的</u>，<u>創造的</u>な実践活動と切り離せない。
(1.2) とくに，現在の情報技術カリキュラムは始まったばかりで，カリキュラム自体が<u>不完全</u>である。したがって，教師の働きがカリキュラムの発展に<u>欠けてはいけない</u>原動力である。
(1.3) この種の情況下において，学校は，教師が主体的働きを発揮するよう彼らを援助し支持しなければならない。
(1.4) 本論文は，"<u>心理契約の理論</u>"をもって基礎とし，情報技術教師の学校に対する期待を分析し，教師と学校の共同発展を促進する方法を考察する。

(2.1) 心理契約は，企業と従業員の間の<u>相互</u>の非公式な期待である。
(2.2) たとえば，企業は，従業員が仕事の方法を改良することを期待し，また従業員は，企業が，彼らが企業の発展のために提出した提案を引き受けて支持することを期待する。
(2.3) 明確な経済的契約<u>と比べて</u>，心理契約は<u>非公式</u>である。しかし企業発展<u>にとっては</u>，重要な契約関係である。

(3.1) 心理契約の理論に基づき，本論文はおもに以下の3点を考察した。
(3.2) ・情報技術教師の学校に対する各種の期待。
(3.3) ・情報技術教師の心理契約に影響するおもな要因。
(3.4) ・情報技術のカリキュラムがさらに発展する<u>重点</u>と，教師の良好な心理契約の創造。

(4.1) 研究のおもな結論は以下のとおり。

(5.1) 情報技術教師の心理契約は2つの<u>方面</u>をもっている：
(5.2) ・第一は教師の学校に対する期待，第二は教師が思う学校の彼らに対する期待。
(5.3) 情報技術教師の学校に対する期待は，5つの方面を含む：

(5.4)・①完全な情報化環境，②教師の専門業績の発展を支持すること，③良好な情報の雰囲気，④カリキュラム発展の制度保障，⑤価値の認定。
(5.5) 学校の情報技術教師に対する期待は，5つの方面を含む：
(5.6) ①学生の情報素養を育成すること，②技術の応用を指導すること，③カリキュラムを発展させること，④自己発展，⑤良好な職業道徳

(6.1) 情報技術教師の心理契約の影響要素は，だいたい背景要素と政策要素に分けられる。
(6.2) 重要な背景要素は，性別，仕事の年限，学校の種類，各学校の全体の情報の雰囲気を含む。
(6.3) 重要な政策要素は，全国的な基礎教育カリキュラムに対する改革と，地方的な情報技術カリキュラムに関する関連政策を含む。

(7.1) 心理契約の確立と管理について，研究を通して，筆者は以下の4つの面から行うことができると考える。
(7.2)・技術目標を確立し，情報技術教師をこの専門の発展に導く。
(7.3)・共同の目的を確立し，情報技術教師のcareerの管理を強化する。
(7.4)・情報技術教師の表彰と奨励の制度を規範化する。
(7.5)・状況の管理を確立し，情報技術教師の学校に対する信頼を形成する。

【下划线部分的解说】

<u>カリキュラム</u>（课程）：在中日辞典中记载着对应的日语解释是「授業のカリキュラム」。「授業」就是「授业」，这样还原成汉语的话，就是「授业的课程」。另一方面，在汉英辞典中「课程」=「curriculum」，这样可以知道这个英语单词其实就是日语的外来语「カリキュラム」的根源，所以这里只用「カリキュラム」就可以。

<u>創造的な</u>（创造性的）：从汉日辞典中的「創造」跳入日汉辞典中之后，发现它既可以做名词也可以做动词使用。另外，参照表3-29，可以知道汉语中的「～性」是日语中的形容动词「～的だ」。这个句子中因为它修饰名词，所以根据表4-18这里使用「創造的な」。

<u>始まったばかりで</u>（刚刚起步）：「刚刚」对应的是「❷…したばかりで」。「起步」对应的是「❷（仕事や事業が）始まる」。并且在例句中也记载了含有「刚刚起步」的文章。

<u>不完全</u>（不完善）：在汉日辞典中，「完善」对应的是「❶すべて整っている」这样的由多个单词结合而成的短语。可是这样的2个汉字的短语，在日语中也是往往使用2个文字的短语。这样，着重于第二种解释「❷完全なものにする」，并且把光标移动到「完全」上之后，进入日汉辞典中，就可以知道它可以作为名词或者形容动词使用。所以，这里使用形容动词「不完全だ」。

欠けてはいけない（不可缺少）：「不可」是「❶…してはいけない」。其中，「し」表示的是动词「する」的顺接形。（表4-14的E）。另外，「缺少」对应的是下一段活用动词「欠ける（かける）」，这里同样是顺接形，所以把两者结合起来就成为了「欠けてはいけない」。与「不可缺少」相近的日语单词是形容动词「不可欠だ（ふかけつだ）」，在日汉辞典中记载了「不可欠＝不可缺」，可是在汉日辞典中没有记载。

心理契約の理論をもって基礎とし（以心理契约理论为基础）：参照表5-1中的「以～为…」的用法。

相互（相互）：在汉日辞典中记载的是「互いに」，查看例句的话会发现含有2个文字构成的单词「相互」的文章记载。这样，把光标移动它的上面之后，可以它知道与汉语的「互相或者相互」以及英语的「mutual」具有相同的意思。

比べて（相比）：在汉日辞典中与「相比」对应的解释是下一段活用动词「比べる」。相比较的对象是「明确的经济契约」。在这个句子中是顺接形，根据表4-5中的G这里使用「比べて」。并且，参照表5-8，「与～」对应的是「～と」，所以这里使用「～と比べて」。

非公式（非正式）：在汉日辞典中检索「正式」的话，会发现对应的是形容动词「正式だ」，这里虽然使用这个单词也可以，可是如果查看例句的话，会发现「正式访问→公式訪問」，「正式列入记录→公式記録」等记载。这里把光标移动到「公式」上之后进入日汉辞典之后，会发现「正式。Formal 反义词是非公式」，所以这里使用「非正式→非公式」就可以。

企業発展にとっては（对企业发展来说）：参照表5-1，「对～来说」对应的是「～にとっては」。

重点（重点）：在汉日辞典中记载了「重点→重点」。这里使用的是这个解释。可是从意思上来看原文要表达的是「重要的点」，所以其实写成「重要な点」是才最恰当的。

方面（方面）：在汉日辞典中记载了「方面→方面」。这里使用的是这个解释。实际上，使用第二种解释的「側」后面附加上「面」而形成的「側面」才是最好的。

完全な（完善）：在汉日辞典中，记载了「〈形〉すべて整っている」和「〈動〉完全なものにする」两种解释，可是无论是哪那种都比较长，不容易被理解。这里，把光标移动到「完全」上之后，进入日汉辞典，可以发现「完全」是名词或者形容动词，并且是对应了汉语中的「完全」或者「完美」的名词或者形容动词。在这个句子中它是与后面的名词「信息化环境」接续，所以根据表4-17中讲解的形容动词的

用言修饰形，这里使用「完全な」。

career（职业生涯）：在汉日辞典中记载了「职业→職業」，「生涯→生活」。可是在汉日辞典中检索「生活」的话会发现并没有「生涯」的解释。这里在汉英辞典中检索「生涯」的话会发现对应的英语单词是「career」，所以最终使用「career」。

強化する（加强）：在汉日辞典中会出现一个文字的动词「強める」。可是跳入日汉辞典中之后发现没有任何相对应的单词。这里，首先回到汉日辞典中，查看例句的话，会出现2个文字构成的单词「強化する」。这样，把光标移动到它的上面之后进入日汉辞典中，可以知道它是对应了汉语的「加强」以及英语的「strengthen」，并且是サ行变格活用的动词。

表彰（表扬）：在汉日辞典中记载了「皆の前でほめたたえる」这样的很长的解释。可是在日汉辞典中却检索不到对应的单词。另一方面，检索同义词「褒扬」的话，会出现2个文字构成的动词「称賛する，表彰する」。并且，回到「表扬」的画面查看例句的话，会出现动词「表彰する」。这里把光标移动到「表彰」上之后，会发现它是名词以及サ行变格活用动词，并且意思是「表扬」或者是「commendation」。另外，在汉日辞典中最开始出现的「称賛」是汉语的「称赞」。

規範化（规范）：它是「规范」和「化」结合而成的单词，在汉日辞典中检索「化」的话，发现它是「〈接尾〉···化する」。把光标移动到「化」上之后，进入日汉辞典之后会发现它是サ行变格活用的动词。另外，检索「规范」的结果是「規範（きはん）」，所以，这里使用「規範化する」。

【最终的日语文章】
(1.1) カリキュラムの発展には，教師の自発的かつ創造的な実践活動が不可欠である。
(1.2) 本研究で対象とする情報技術教育は始められたばかりであり，カリキュラム自体が不完全といえる。したがって，教師の実践活動がその発展の原動力となる。
(1.3) そのためには，教師が主体的に活動できるよう，学校がサポートすべきである。
(1.4) 本論文では，"心理契約の理論"に基いて情報技術教師の学校への期待を分析し，教師と学校が共同してカリキュラムを発展させる方法を考察した。

(2.1) 心理契約は，企業と従業員の間の非公式な相互的期待と定義される。
(2.2) たとえば，従業員が仕事の仕方を自発的に改良することを企業は期待するだろう。一方，従業員は，企業発展のための彼らの提案を企業が受け入れ，サポートすることを期待するであろう。
(2.3) このような心理契約は非公式のものであり，経済的契約と比べて不明確であるが，企業の発展にとって非常に重要な要素であると考えられている。

(3.1) 本論文では，心理契約の理論に基づきおもに以下の3点を考察した。
(3.2) ・学校に対する情報技術教師の各種の期待。
(3.3) ・情報技術教師の心理契約に影響を与える主要因。
(3.4) ・情報技術のカリキュラムの発展に重要な事項と，良好な心理契約を生み出す方法。

(4.1) 研究のおもな結論は以下のとおりである。

(5.1) 情報技術教師の心理契約には2つの側面がある：
(5.2) 第一は学校に対する教師の期待，第二は学校が教師に期待すると彼らが考えている事項である。
(5.3) 情報技術教師の学校に対する期待は，おもに以下の5つである：
(5.4) ・①情報化環境の向上，②教師の専門性発展のサポート，③良好な情報環境への期待，④カリキュラム発展の制度化，⑤教師の努力の評価。
(5.5) 学校の情報技術教師に対する期待は，おもに以下の5つである：
(5.6) ①情報に対する学生の素養の育成，②技術の応用の指導，③カリキュラムを発展させること，④教師自身の向上心，⑤良好な職業道徳

(6.1) 情報技術教師の心理契約の影響要素は，背景要素と政策要素に大別できる。
(6.2) おもな背景要素としては，性別，仕事の年限，学校の種類，学校の情報技術向上に対する意識の雰囲気がある。
(6.3) おもな政策要素としては，基礎教育カリキュラムの全国的改革と，情報技術カリキュラムに関する地方の政策がある。

(7.1) 心理契約の確立と管理を行うために，以下の4項目をまず実施すべきであると考えられる。
(7.2) ・技術目標を定め，情報技術教師の専門性を高める。
(7.3) ・学校が情報技術教師のキャリア育成を積極的に行う。
(7.4) ・情報技術教師の努力を奨励し評価する制度を確立する。
(7.5) ・情報技術教師の活動を学校が十分把握し，教師が学校を信頼できるようにする。

例文-3　亚硫酸氢钠丙烯酰胺聚合反应的（詹从红）

【汉语原文】

聚丙烯酰胺（PAM）是一类新型的功能高分子产品，是水溶性高分子的重要组成部分。由于其具有多种优良的性能，如絮凝性，增粘性，增稠性，表面活性，降失水性，降摩阻等特性，所以，PAM已广泛应用于石油，医药，建筑，化工，纺织，陶瓷，造纸，采矿等行业。

如何制备聚丙烯酰胺尤其是制备超高分子量的聚丙烯酰胺，这是许多科研人员都十分关注的一个问题。通常，合成聚丙烯酰胺的方法主要有：水溶液聚合，乳液聚合，辐射聚合，胶束聚合等方法。其中，最主要的方法是水溶液聚合。影响水溶液聚合的因素主要有：引发剂，温度，溶液的PH值等。

本论文利用水溶液聚合法实现 AMPS 和 AM 的共聚以及 AM 的均聚。通过国标测定产物的分子量及转化率，找出引发剂，温度，溶液的 PH 值等对聚合的影响。

实验结果表明：

1. 用 $(NH_4)_2S_2O_8$ + $NaHSO_3$ 作引发剂引发 AM 与 AMPS 水溶液共聚，当单体配比及引发剂的用量不变时，产物的分子量随温度的降低而增大。当温度及引发剂的量不变时，产物的分子量随单体总量中 AM 含量的增大而增大。

2. 单采用 $NaHSO_3$ 作引发剂，不仅能引发 AM 与 AMPS 水溶液发生共聚，也能引发丙烯酰胺水溶液均聚。与文献中传统的氧化还原体系（$(NH_4)_2S_2O_8$ + $NaHSO_3$）相比，该引发剂具有用量少，价格便宜，聚合时间短等优点，并且所得聚合物的相对分子质量较高，产物中 AM 的残留量也较少。

3. 本文系统研究了丙烯酰胺水溶液均聚时的各种影响因素，详细考察了聚合反应中引发剂种类，引发剂的用量，温度，溶液的 PH 值等因素的影响。

【短化后的文章】

(1.1) PAM（聚丙烯酰胺）是一种新型的水溶性高分子产品。
(1.2) PAM 具有多种优良的性能：
 • 例如：絮凝性，增粘性，增稠性，表面活性，降失水性，降摩阻等。
(1.3) 所以，PAM 被广泛应用于各种各样的行业；
 • 比如：石油，医药，建筑，化工，纺织，陶瓷，造纸，采矿等。
(1.4) 因此，科研人员特别关注如何制备更高分子量的 PAM。

(2.1) 现在有几种制备 PAM 的方法：
 • 水溶液聚合法，乳液聚合法，辐射聚合法，胶束聚合法等。
(2.2) 其中，利用 AMPS（2-丙烯酰胺基-2-甲基丙磺酸）和 AM（丙烯酰胺）水溶液的聚合法是最主要的。
(2.3) 所以，本文利用引发剂，对 AMPS 和 AM 的共聚以及 AM 的均聚进行研究如下。
 • 采用了两种引发剂；(A)：$(NH_4)_2S_2O_8$ + $NaHSO_3$, (B)：$NaHSO_3$。
 • 按照国家标准，测定了产物的分子量和转化率。
 • 研究了引发剂用量，温度，溶液的 PH 值等因素对聚合的影响。

(3.1) 对实验结果进行分析，得出了下述的结论。
(3.2) 引发剂-(A)
 ① 引发剂-(A) 引发了 AM 和 AMPS 的水溶液共聚。
 ② 当单体配比和引发剂的用量不变时，产物的分子量随着温度的降低而增大。
 ③ 当温度和引发剂的用量不变时，产物的分子量随着单体总量中 AM 含量的增大而增大。
(3.3) 引发剂-(B)
 ① 引发剂-(B) 不仅能引发 AM 与 AMPS 的水溶液共聚，而且也能引发 AM 水溶液均聚。
 ② 与引发剂-(A) 相比，引发剂的用量少，价格便宜，聚合时间短等。
 ③ 并且得到的聚合物的相对分子质量较高，产物中 AM 的残留量也较少。

【排列顺序变换后的文章】

/下划线/：移动到后面的用言。(灰色字)：移动之前用言所在位置。
双下划线：利用第五章的表进行变换时位置发生变化的虚词。

(1.1) PAM（聚丙烯酰胺）(是)一种新型的水溶性高分子产品 / 是 /。
(1.2) PAM (具有) 多种优良的性能 / 具有 / ：
　　　・例如：絮凝性，增粘性，增稠性，表面活性，降失水性，降摩阻等。
(1.3) 所以，PAM (被)(广泛应用)于各种各样的行业 / 广泛应用 / 被 / ；
　　　・比如：石油，医药，建筑，化工，纺织，陶瓷，造纸，采矿等。
(1.4) 因此，科研人员（特别关注）(如何制备) 更高分子量的 PAM / 如何制备 / 特别关注 /。

(2.1) 现在 (有) 几种 (制备) PAM / 制备 / 的方法 / 有 / ：
　　　・水溶液聚合法，乳液聚合法，辐射聚合法，胶束聚合法等。
(2.2) 其中，(利用) AMPS（2-丙烯酰胺基-2-甲基磺酸）和 AM（丙烯酰胺）水溶液 / 利用 / 的聚合法 (是) 最主要的 / 是 /。
(2.3) 所以，本文 (利用) 引发剂 / 利用 /，对 AMPS 和 AM 的共聚以及 AM 的均聚 (进行)(研究) 如下 / 研究 / 进行 /。
　　　・(采用了) 两种引发剂 / 采用了 / ；(A)：$(NH_4)_2S_2O_8$ + $NaHSO_3$，(B)：$NaHSO_3$。
　　　・按照国家标准，(测定了) 产物的分子量和转化率 / 测定了 /。
　　　・(研究了) 引发剂用量，温度，溶液的 PH 值等因素对聚合的影响 / 研究了 /。

(3.1) 对实验结果 (进行) 分析 / 进行 /，(得出了) 下述的结论 / 得出了 /。
(3.2) 引发剂-(A)
　　　① 引发剂-(A)（引发了）AM 和 AMPS 的水溶液共聚 / 引发了 /。
　　　② 当单体配比和引发剂的用量不变时，产物的分子量随着温度的降低而增大。
　　　③ 当温度和引发剂的用量不变时，产物的分子量随着单体总量中 AM 含量的增大而增大。
(3.3) 引发剂-(B)
　　　① 引发剂-(B) 不仅 (能)（引发）AM 与 AMPS 的水溶液共聚 / 引发 / 能 /，而且也 (能)（引发）AM 水溶液均聚 / 引发 / 能 /。
　　　② 与引发剂-(A) 相比，引发剂的用量少，价格便宜，聚合时间短等。
　　　③ 并且得到的聚合物的相对分子质量较高，产物中 AM 的残留量也较少。

【首次翻译后的文章】

下划线：需要在后面进行讲解的单词。

(1.1) PAM（Polyacrylamide）は新型の水溶液性の高分子製品である。
(1.2) PAMは多種の優良な性能を備えている：
　　　・たとえば、絮凝性、増粘性、増稠性、表面活性、降失水性、降摩阻など。
(1.3) したがって、PAMは各種各様の業種において広汎に応用されている：
　　　・たとえば、石油、医薬、建築、化学工業、紡織、陶磁器、paper making、mining など。

(1.4) このため，科学研究人員は，さらに高分子量のPAMをどのように製造するかということに注意を払っている。

(2.1) 現在，何種類かのPAM製造方法がある：
  ・水溶液重合法，latex 重合法，輻射重合法，胶束重合法など。
(2.2) そのうち，AMPS（2-Acrylamido-2-Methyl Propane Sulfonic Acid）和AM（Acrylamide）水溶液を利用した重合法が最も重要だ。
(2.3) したがって，本論文では誘発剤を利用して，AMPSとAMのcopolymerizationおよびAMのhomopolymerizationについて以下のように研究を行った。
  ・2種類の誘発剤を採用した：(A)：$(NH_4)_2S_2O_8 + NaHSO_3$, (B)：$NaHSO_3$。
  ・国家標準に基づき，産物の分子量と転換率を測定した。
  ・誘発剤を使った量，温度，溶液のPH値などの要素の重合に対する影響を検討した。

(3.1) 実験結果について分析を行い，以下に述べる結論を得た。
(3.2) 誘発剤-(A)
  ① 誘発剤-(A)は，AMとAMPSの水溶液のcopolymerizationを誘発した。
  ② モノマーの配合比と誘発剤使用量が不変のとき，産物の分子量は，温度の落下とともに増大した。
  ③ 温度と誘発剤使用量が不変のとき，産物の分子量は，モノマーの総量中のAM含有量の増大とともに増大した。
(3.3) 誘発剤-(B)
  ① 誘発剤-(B)は，AMとAMPSの水溶液のcopolymerizationを誘発できるだけでなく，AM水溶液のhomopolymerizationも誘発できる。
  ② 誘発剤-(A)と比べて，誘発剤使用量が少なく，価格が安く，重合時間が短い。
  ③ さらに，得た重合物の相対的な分子質量が比較的高く，産物中のAMの残る量も比較的少ない。

【下划线部分的解说】

关于化学的有关文章中，专业词汇的分枝很广，想要检索对应的日语解释非常的困难。特别是专业性很高的物质名称用原有的英文名称是不会有错误的。所以，这里对于以下所表示的词汇用英语来表示，分别是：「Polyacyrlamide」，「2-Acrylamido-2-Methyl Propane Sulfonic Acid」，「Acrylamide」，「copolymerization」，「homopolymerization」。

另外，在汉日辞典中没有记载，但是在汉英辞典中有记载的单词用英语表示：「paper making」，「mining」，「latex」。对于这些单词尽管也有对应的日语，可是这里首先使用英语表示，然后，由专业人士的教授告诉你正确的日语单词是什么，这样才是准确无误的。

对于既没有在汉日辞典中也没有在日汉辞典中记载的单词，直接使用了原来的汉

语单词：「絮凝性」，「増粘性」，「増稠性」，「降失水性」，「降摩阻」，「胶束」。对于这样的词汇，如果知道用英语来如何表示的话，使用英语单词是最好的。

広汎に（广泛）：在汉日辞典中，它对应了「（及び範囲が）広い」，所以跳入到日汉辞典中之后会发现它是形容词。这种场合，它是修饰动词「応用」，所以根据表 4-15 的"用言修飾"，这里使用「広く」。可是查看「广泛」的例句，会发现「広範囲」这个单词。这里把光标移动到它的上面之后进入日汉辞典中，会发现记载了「A こう-はんい【広範囲】」，「B こう-はん【広範・広汎】」。进入后者的页面后，会发现意思为「广泛（extensive）」的形容词。实际上汉语中的汉字「泛」对应的日语汉字是「汎」。在这个句子中因为它与动词「応用」接续，所以根据表 4-18 的用言修饰，这里使用「広汎に」。

医薬（医药）：在汉日辞典中记载了「医療と薬」。这里跳入日汉辞典中会发现「医療＝医疗」和「薬＝药」。这里可以认为「医药→医薬」。

化学工業（化工）：在汉日辞典中记载了「"化学工业"の略称」，再一次在汉日辞典中检索的结果是「化学工業」。

紡織（纺织）：在汉日辞典中记载了「糸を紡ぎ布を織る」，对于「紡」和「織」分别在日汉辞典中检索的话可以知道，它们的发音分别是「紡（ぼう）」和「織（しょく）」，并且前者的解释中记载了日语的常用短语「紡織」，「紡績」。这里使用「紡織」。汉语中的「织」和「織」本来就是同一个汉字，所以这里认为「纺织＝紡織」。另外也可以使用「紡績」。

何種類かの（几种）：这种场合「几」是不定词，参照 5.6.3，这里使用「何（なん）＋量詞＋か」。关于量词的「种」根据表 5-16 这里使用「種類」，所以也就是可以使用复合名词「何種類か」。这种场合，因为它是跟后面的名词「方法」接续，所以根据表 4-24 的⑪这里使用「何種類か<u>の</u>」。

最も重要だ（最主要的）：在汉日辞典中记载了「最→もっとも」。另外因为「主要→最重要な」，所以「最＝最」就成为了双重表达，这里最终使用形容动词「最も重要だ」。

誘発剤（引发剂）：在汉日辞典中检索「引发」的话，会出现「引き起こす」，「触発する」，「誘発する」这 3 种日语解释，可是后面的两个由 2 个文字构成的单词是从汉语演变而成的。意思上「诱发＝誘発（ゆうはつ）」更加接近。另外，对于「剂」在汉日辞典中的例句中记载了「药剂＝薬剤」这样的例子，所以把光标移动到「剂」上之后进入日汉辞典之后会发现它的发音是「ざい」。

使用量（用量）：「用」对应了动词「使う，用いる」。把光标移动到具有相同汉字的「用

いる」的「用」上时发现它的读音是「もちいる」，并且活用类型属于上一段活用。在这个句子中它与名词「量」接续，所以根据表 4-5 的 H 所示，这里使用「用いる」。这里，汉语中的「量」是「数量」，「分量」是「重量」的意思，可是在汉日辞典中与「量」对应的只有名词「数量」。这样，把光标移动到「数量」的「量」上之后进入日汉辞典中之后，会发现记载有很多种「○量」的解释，这样就可以知道它对应的是汉语的「量」。所以这里使用「用いる量」。与上面的「剤＝剤」同样「量＝量」。像这样的 1 个字的名词，往往在日语中也使用拥有同样的汉字的 1 个字名词．

検討した（研究）：在汉日辞典中对于「研究」进行检索的话，会发现记载了「❶研究（する）」，「❷検討する」两种解释。如表 3-2 所示那样，跳入日汉辞典之后，会知道在日语中，「研究＝research」，「検討する＝examine」，这里的场合❷更恰当。因为这个句子是过去时，所以根据表 4-13 中的 B 这里使用「検討した」。

使用量（用量）：之前的「用量」可是写成「用いる量」，可是其实还有别的日语表达方式，这里简单的介绍一下。日汉辞典中出现的「使う」，「用いる」并不是由汉语演变而成的。这里，把光标分别移动到它们的上面之后，无论是哪个都会出现「使用」这个汉语单词。这里，再次把光标移动到「使用」上跳入汉日辞典之后都出现「使用」这个日语单词。然后把光标移动到「使用」上之后进入日汉辞典，会知道「使用（しよう）」是名词或者是サ行変格动词。所以这里「用量」可是写成「使用量」。

とともに（随着～而…）：根据表 5-17，「随着～，…」对应的是「～とともに…」。「而」虽然是接续词，可是这种场合，不用特意的翻译成日语。

誘発できる（能引发）：根据表 5-17「能」是"动词的可能形"。「引发＝誘発する」是サ行变格活用的动词，根据表 4-13 中的 E 这里使用「誘発できる」。

価格が安く（价格便宜）：「价格」对应的是「価格」。另一方面，在汉日辞典中检索「便宜」的话出现的是「値段が安い」这样的复合单词。这里把光标移动到「値段」上之后，进入日汉辞典，发现记载了「价格」。就是说「价格」被重复使用了两次，所以把日语中的「値段」省略掉，写成「便宜→安い」。这个句子中因为是顺接形，所以根据表 4-16 使用「安く」。

残る量（残留量）：在汉日辞典中检索「残留」的话，出现的解释是「一部分が残る」，所以把光标移动到「残る」上面之后进入日汉辞典，会出现五段活用的动词「残る（のこる）」。这里使用「残る量」就可以了。可是如果大家已经熟练的掌握了辞典的检索方法的话，还可以进一步的进行检索。日汉辞典中的「残る」的左侧

记载了「Aのこ・る【残る】」和「Bザン【残】」。B是汉字「残」的日语读法。这里把光标移动到它的上面之后按下输入键之后就可以发现「残留」这个单词。这样再次把光标移动它的上面之后进入日汉辞典中，发现它的汉语意思是「残留」，并且是名词或者是サ行变格活用的动词。就是说汉语中的2个文字构成的单词「残留」对应的日语单词是「残留」。所以就可以知道「残留量」在日语中也可以使用「残留量（ざんりゅうりょう）」。

【最終的日語】
　　　　下划线：使用原有的汉语单词。
(1.1) PAM (Polyacrlamide) は新型の水溶性高分子である。
(1.2) PAM は多様な優れた性能を備えている：
　　　・たとえば，<u>絮凝性</u>，<u>増粘性</u>，<u>増稠性</u>，表面活性，<u>降失水性</u>，<u>降摩阻</u>など。
(1.3) したがって，PAM は様々な業種で広汎に応用されている：
　　　・たとえば，石油，医薬，建築，化学工業，紡績，陶磁器，製紙，鉱業など。
(1.4) このため，さらに高分子量の PAM の製造方法が研究されている。

(2.1) PAM 製造方法には何種類かある：
　　　・水溶液重合法，乳液重合法，輻射重合法，<u>胶束重合法</u>など。
(2.2) そのうち，AMPS (2-Acrylamido-2-Methyl Propane Sulfonic Acid) と AM (Acrylamide) 水溶液を利用した重合法が最も有望である。
(2.3) そこで本論文では，誘発剤を利用して，AMPS と AM の copolymerization，および AM の homopolymerization について，以下のように研究した。
　　　・2種類の誘発剤を採用した：(A)：$(NH_4)_2S_2O_8$ + $NaHSO_3$，(B)：$NaHSO_3$。
　　　・国家標準に基づき，産物の分子量と転換率を測定した。
　　　・誘発剤の使用量，温度，溶液の PH 値などの要素が重合に及ぼす影響を検討した。

(3.1) 実験結果について分析を行い，以下に述べる結論を得た。
(3.2) 誘発剤-(A)
　　　① 誘発剤-(A)は，AM と AMPS の水溶液の copolymerization を誘発した。
　　　② モノマーの配合比と誘発剤使用量が不変のとき，産物の分子量は，温度の低下とともに増大した。
　　　③ 温度と誘発剤使用量が不変のとき，産物の分子量は，モノマー総量中の AM 含有量の増加とともに増大した。
(3.3) 誘発剤-(B)
　　　① 誘発剤-(B)は，AM と AMPS の水溶液の copolymerization を誘発できるだけでなく，AM 水溶液の homopolymerization も誘発できる。
　　　② 誘発剤-(A)に比べて，誘発剤-(B)の使用量は少なく，価格が安く，重合時間が短い
　　　③ さらに，得られた重合物の分子質量が相対的に高く，産物中の AM の残留量も比較的少ない。

8　デスマス形的変换

8.1　デアル形和デスマス形

下面的文章是第 7 章的例文-1 的最开始的段落。

【汉语文章（短化后的）】
　　波面板换热器是，一种新型的具有广泛应用前景的换热设备。图-1 表示波面板换热器的示意图；工作流体通过由点焊做的网络性流路。分开与合并的流动，使在流体与外界之间的换热效率更高。以往有很多关于设备的传热特性及设备内流动特性的基础研究。可是，为了具有实用价值，对在制造和使用过程中的波面板力学特性进行分析也很重要。所以，本研究课题，使用有限元分析软件 ANSYS，对波面板进行了力学分析。

如第 4 章讲解的那样，在论文中，句子的结尾处往往应该按照下划线表示的那样书写。其中「である」这样的表现形式是最普遍的，所以这里称呼它为「デアル形」。

【日语（デアル形）】
　　波面板式熱交換器は，広い応用可能性をもつ新型の熱交換設備<u>である</u>。図-1 は波面板式熱交換器の説明図<u>である</u>。作業流体は spot 溶接が作る網目状の流路を通過<u>する</u>。分合を繰り返す流れにより，流体と外部の熱交換の効率が向上<u>する</u>。以前の研究の多くは，設備の伝熱特性と流動特性に関する基礎の研究に集中<u>していた</u>。しかし実用的見地からは，製造および使用過程における波面板の力学特性を解析しておくことも重要<u>である</u>。そこで本研究では，有限要素解析ソフトのANSYSを用いて，波面板の力学的解析を行<u>った</u>。

另一方面，学习过基础课程的大家都应该记得一般在会话中，很多的表现形式都如下所示。

　　「私の名前は，石川忠晴<u>です</u>。」，「昨日は寒かった<u>です</u>。」
　　「去年，彼は学生<u>でした</u>。」
　　「明日の午前中に，試験を<u>します</u>。」，「飛行機が飛んで<u>います</u>。」

117

「私は，お寿司を食べました。」

在这些句子中使用了「です」,「ます」或者，过去时的场合使用了「でした」,「ました」来结束每个句子。这里称它为「デスマス形」。

即使在会话中，如果会话的对方是比自己地位低或者非常 informal 的场合也可以使用デアル形。可是，如果使用方法错误的话，对于谈话的对方来说是非常不礼貌的，所以建议大家在会话时经常使用デスマス形。所以，如果以上面的文章的内容在学术会议上进行口头讲演时，必须如下所示那样进行デスマス形的变换。

【日语（デスマス形）】

波面板式熱交換器は，広い応用可能性をもつ新型の熱交換設備です。図-1は波面板式熱交換器の説明図です。作業流体は spot 溶接が作る網目状の流路を通過します。分合を繰り返す流れにより，流体と外部の熱交換の効率が向上します。以前の研究の多くは，設備の伝熱特性と流動特性に関する基礎的研究に集中していました。しかし実用的見地からは，製造および使用過程における波面板の力学特性を解析しておくことも重要です。そこで本研究では，有限要素解析ソフトの ANSYS を用いて，波面板の力学の解析を行いました。

其中下划线的部分表示修改成デスマス形的部分。这里，只在每个句子的结尾处进行デスマス形的变换，句子中的破浪线表示的动词不做任何修改。如果把句子末尾处以外的地方也变换成デスマス形的话，文章会变的"过于郑重"，反而显得奇怪。

8.2　デスマス形的活用

8.2.1　动词的活用

第 4 章表示的所有句子的结尾都是デアル形。把它们和デスマス形进行对比的结果如下所示。表 8-1 是上一段活用的「借りる」和下一段活用的「調べる」的场合。与表 4-4 一一对应。每个栏中左侧是デアル形，右侧是デスマス形。为了着重表示区别，把结尾处的不同的部分用片假名来表示，在实际的文章中请用平假名来书写。

同样五段活用的场合如表 8-2 (a)～(b) 所示那样。并且サ行变格活用和カ行变格活用的场合如表 8-3 所示那样。如 4.1.3B 所讲述的那样，五段活用的场合根据"行"的不同デアル形的句尾处也不同，所以这里分别在不同的表格中表示。可是，デスマス形的片假名部分完全相同。实际，对于所有的动词，デスマス形的片假名部

分都是共通的。

表 8-1　下一段活用和上一段活用的动词的デスマス形

赋予意义		上一段活用		下一段活用	
		借りる（か・りる）	借りマス	調べる（しら・べる）	調べマス
A	否定形	かりない	かりマセン かりないデス	しらべない	しらべマセン しらべないデス
	使役形	かりさせる	かりさせマス	しらべさせる	しらべさせマス
	被动形	かりられる	かりられマス	しらべられる	しらべられマス
B	过去形	かりた	かりマシタ	しらべた	しらべマシタ
	进行形	かりている	かりていマス	しらべている	しらべていマス
C	希望形	かりたい	かりたいデス	しらべたい	しらべたいデス
D	推测形	かりるだろう	かりるデショウ	しらべるだろう	しらべるデショウ
	传闻形	かりるそうだ	かりるそうデス	しらべるそうだ	しらべるそうデス
E	可能形	かりられる	かりられマス	しらべられる	しらべられマス
	命令形	かりろ	かりナサイ かりてクダサイ	しらべろ	しらベナサイ しらべてクダサイ
F	意愿形	かりよう	かりマショウ	しらべよう	しらベマショウ
	劝诱形	かりよう	かりマショウ	しらべよう	しらベマショウ

8 デスマス形的変换

表 8-2 (a)　五段活用（か行とさ行）的动词的デスマス形

	赋予意义	書く（か・く）	書きマス	話す（はな・す）	話しマス
A	否定形	かかない	かきマセン かかないデス	はなさない	はなしマセン はなさないデス
	使役形	かかせる	かかせマス	はなさせる	はなさせマス
	被动形	かかれる	かかれマス	はなされる	はなされマス
B	过去形	かいた	かきマシタ	はなした	はなしマシタ
	进行形	かいている	かいていマス	はなしている	はなしていマス
C	希望形	かきたい	かきたいデス	はなしたい	はなしたいデス
D	推测形	かくだろう	かくデショウ	はなすだろう	はなすデショウ
	传闻形	かくそうだ	かくそうデス	はなすそうだ	はなすそうデス
E	可能形	かける	かけマス	はなせる	はなせマス
	命令形	かけ	かきナサイ かいてクダサイ	はなせ	はなしナサイ はなしてクダサイ
F	意愿形	かこう	かきマショウ	はなそう	はなしマショウ
	劝诱形	かこう	かきマショウ	はなそう	はなしマショウ

表 8-2 (b)　五段活用（た行とま行）的动词的デスマス形

	赋予意义	立つ（た・つ）	立ちマス	読む（よ・む）	読みマス
A	否定形	たたない	たちマセン たたないデス	よまない	よみマセン よまないデス
	使役形	たたせる	たたせマス	よませる	よませマス
	被动形	たたれる	たたれマス	よまれる	よまれマス
B	过去形	たった	たちマシタ	よんだ	よみマシタ
	进行形	たっている	たっていマス	よんでいる	よんでいマス
C	希望形	たちたい	たちたいデス	よみたい	よみたいデス
D	推测形	たつだろう	たつデショウ	よむだろう	よむデショウ
	传闻形	たつそうだ	たつそうデス	よむそうだ	よむそうデス
E	可能形	たてる	たてマス	よめる	よめマス
	命令形	たて	たちナサイ たってクダサイ	よめ	よみナサイ よんでクダサイ
F	意愿形	たとう	たちマショウ	よもう	よみマショウ
	劝诱形	たとう	たちマショウ	よもう	よみマショウ

8.2 デスマス形的活用

表 8-2（c） 五段活用（ら行とわ行）的动词的デスマス形

赋予意义		刈る（か・る）	刈りマス	洗う（あら・う）	洗いマス
A	否定形	からない	かりマセン からないデス	あらわない	あらいマセン あらわないデス
	使役形	からせる	からせマス	あらわせる	あらわせマス
	被动形	かられる	かられマス	あらわれる	あらわれマス
B	过去形	かった	かりマシタ	あらった	あらいマシタ
	进行形	かっている	かっていマス	あらっている	あらっていマス
C	希望形	かりたい	かりたいデス	あらいたい	あらいたいデス
D	推测形	かるだろう	かるデショウ	あらうだろう	あらうデショウ
	传闻形	かるそうだ	かるそうデス	あらうそうだ	あらうそうデス
E	可能形	かれる	かれマス	あらえる	あらえマス
	命令形	かれ	かりナサイ かってクダサイ	あらえ	あらいナサイ あらってクダサイ
F	意愿形	かろう	かりマショウ	あらおう	あらいマショウ
	劝诱形	かろう	かりマショウ	あらおう	あらいマショウ

表 8-2（d） 五段活用（が行とば行）的动词的デスマス形

赋予意义		注ぐ（そそ・ぐ）	注ぎマス	遊ぶ（あそ・ぶ）	遊びマス
A	否定形	そそがない	そそぎマセン そそがないデス	あそばない	あそびマセン あそばないデス
	使役形	そそがせる	そそがせマス	あそばせる	あそばせマス
	被动形	そそがれる	そそがれマス	あそばれる	あそばれマス
B	过去形	そそいだ	そそぎマシタ	あそんだ	あそびマシタ
	进行形	そそいでいる	そそいでいマス	あそんでいる	あそんでいマス
C	希望形	そそぎたい	そそぎたいデス	あそびたい	あそびたいデス
D	推测形	そそぐだろう	そそぐデショウ	あそぶだろう	あそぶデショウ
	传闻形	そそぐそうだ	そそぐそうデス	あそぶそうだ	あそぶそうデス
E	可能形	そそげる	そそげマス	あそべる	あそべマス
	命令形	そそげ	そそぎナサイ そそいでクダサイ	あそべ	あそびナサイ あそんでクダサイ
F	意愿形	そそごう	そそぎマショウ	あそぼう	あそびマショウ
	劝诱形	そそごう	そそぎマショウ	あそぼう	あそびマショウ

表 8-3 サ行変格活用和カ行変格活用的动词的デスマス形

	赋予意义	する	しマス	来る（くる）	きマス
A	否定形	しない	しマセン しないデス	こない	きマセン こないデス
A	使役形	（させる）	（させマス）	こさせる	こさせマス
A	被动形	される	されマス	—	—
B	过去形	した	しマシタ	きた	きマシタ
B	进行形	している	していマス	きている	きていマス
C	希望形	したい	したいデス	きたい	きたいデス
D	推测形	するだろう	するデショウ	くるだろう	くるデショウ
D	传闻形	するそうだ	するそうデス	くるそうだ	くるそうデス
E	可能形	（できる）	（できマス）	これる	これマス
E	命令形	しろ	しナサイ してクダサイ	こい	きナサイ きてクダサイ
F	意愿形	しよう	しマショウ	こよう	きマショウ
F	劝诱形	しよう	しマショウ	こよう	きマショウ

8.2.2 形容词的活用

形容词的デスマス形的结尾处如表 8-4 所示。与表 4-16 相对应。

表 8-4 形容词的デスマス形

终止形	……うつくしい。	うつくしいデス	……很美丽。
否定形	……うつくしくない。	うつくしくないデス うつくしくアリマセン	……不美丽。
过去形	……うつくしかった。	うつくしかったデス	……很美丽。
推测形	……うつくしいだろう。	うつくしいデショウ	……大概美丽。

8.2.3 形容动词的活用

形容动词的デスマス形的结尾如表 8-5 所示。对应表 4-18 的内容。

表 8-5　形容动词的デスマス形

终止形	‥‥きれいだ。	きれいデス きれいデアリマス	‥‥很美丽。
否定形	‥‥きれいでない。	きれいでないデス きれいではアリマセン	‥‥不美丽。
过去形	‥‥きれいだった。	きれいデシタ	‥‥很美丽。
推测形	‥‥きれいだろう。	きれいデショウ	‥‥大概美丽。

8.2.4　名词后面的デスマス形

如 4.5 所示那样，名词的后面继续的平假名的形式，于形容动词的活用非常的相似。对于这一点デスマス形的场合也是相同的。这里把两者比较的结果在表 8-6 中表示。左侧的数字对应了表 4-25。

表 8-6　名词后面的デスマス形

赋予意义	デアル形	デスマス形	形容动词的デスマス形
③ 终止形	彼は学生だ。	彼は学生デス。	有名デス
	彼は学生である。	彼は学生デアリマス。	有名デアリマス
④ 否定形	彼は学生でない。	彼は学生でないデス。 彼は学生ではアリマセン。	有名でないデス。 有名ではアリマセン。
⑤ 过去形	去年，彼は学生だった。	去年，彼は学生デシタ。	有名デシタ。
⑥ 推测形	彼は学生だろう。	彼は学生デショウ。	有名デショウ。

附录：
赴日预备教育中理科日语作文的例子

如本书的开头所述，在中国国内被选拔为日本国费奖学金留学生的人，会在长春的东北师范大学内教育部直属的赴日本留学生预备学校，接受约 10 个月的日语教育。他们都已经在中国国内完成硕士课程，并以在日本的大学取得博士学位为目标。在赴日预备教育的最后阶段，要求他们把自己的硕士论文的概要总结成 2 页日文，通过负责的老师的修改后，进行 10 分钟的使用 power point 的口头发表与 10 分钟的问答。

我作为赴日预备教育的老师，曾 3 次被派往中国。修改过建筑学，食品工学，生物学，情报科学，水文学等专业的学生的文章。下面的例文是从中挑选的。我的专业是环境水利学，就是说我修改了不是自己的专业的文章。近年来理科的分化越来越细，只要专业稍有不同，就很难完完全全理解对方的内容。所以我在修改的过程中，不断地与中国学生用日语，英语以及中文确认了文章的内容。即使如此，我还是不确定修改时是否完全地理解了文意。

然而，最重要的并不是学习各个专业特有的表达方式与专业术语，而是学习理科专业通用的表现手法。例如"文章开头部分对自己研究的定位"，"对论文主题以及 keyword 的简要说明"，"图标的说明"，"试验方法的介绍"，"主要结论的总结"等内容，在理科中有共通的基本表达型。掌握这种"型"就能非常轻松的写作日语。另外，文章中也提到了，理科的论文和口头发表中，也可以在日文中穿插英文的专业词汇。

以下收录的日文附有中文的译文。其内容与他们在中国的大学写的修士论文摘要有所不同。这些译文是在赴日预备教育的老师的指导下重新写的日文的直译。就是说，先写的日文，然后再有人进行了翻译。所以可能作为中文会有些不自然。而且严密的说，这是本书的初旨"将理科中文直译为日文"的逆过程。所以仅作参考。

例文中省略了原文中的图表。因为这些图表多数是收录在中国的大学的修士论文中的，不方便转载到本书中。理科论文中图表是不可缺少的，只有文章的话可能需要推测文章内容，还请见谅。所以，在最后收录了一篇我的研究室的学生写的学会发表的带图原稿。并让该学生翻译成了中文，所以内容是完全对应的。请做参考。

附　録

ミカンコミバエ(*B. dorsalis*)の発生則に関する研究
—中国無錫市をフィールドとして—

羅智心

1. はじめに

　ミカンコミバエは，アジア太平洋地域において果樹と野菜に大きな被害をもたらす害虫である。寄主はミカン，モモ，スモモ，カキ，ザクロ，ピーマン，ナス，ヘチマ，ニガウリなど46科250種以上の果樹・野菜・鑑賞用植物に及ぶ。

　中国ではおもに西南・華南地域で発生していたが，近年は北に広がる傾向にあり，すでに江蘇省南部地域（無錫市，蘇州市など）に侵入し，柑橘類に深刻な被害を与えている。2005年，2006年の無錫市におけるミカンの被害率は20～30％，経済損失は220万元に達した。

　ミカンコミバエには多くの地域個体群があり，群ごとに発生状況が異なるため個別の調査が必要となる。そこで本研究では，被害を拡大しつつある無錫市に侵入した個体群について，野外調査および室内実験により調べた。

2. 研究の方法と結果

　本研究は以下の5項目から構成される。

(1) 越冬状況に関する野外調査と室内実験

　2005年，2006年の野外調査により，無錫市におけるミカンコミバエは地下約5cmの深さでサナギ（蛹）として越冬することがわかっている。

　そこで，2007年12月から2008年4月まで現地で越冬中のサナギを毎月採取し，電子式自記記録計により過冷却点を計測した。過冷却点は昆虫の体液が凍って死ぬ温度で，耐寒性の指標である。また採取時に地中温度も記録した。

　サナギの過冷却点と地中温度の推移を図1に示す。図中にはサナギの死亡割合も示している。過冷却点は一貫して－10℃以下である。12月の－15.5℃から3月の－19.0℃までわずかに低下しているが，変化の幅は小さい。一方，地中温度の平均値は1月，2月の厳寒期でも0℃以上であり，3月には急激に上昇している。

　サナギの死亡割合は1月と2月に急増した。そのおもな原因は，この時期に続いた降雪と積雪によるサナギの外殻の損傷と体液の流出であると考えられた。無錫

市の気象データによれば,地下5cm深における平均地温は－10℃以下になることはないので,温度からサナギの越冬に支障があるわけではない。

(2) 人工飼育実験

現地で収集したサナギを光と温度を制御できる培養箱で飼育し,気温履歴が発育段階に及ぼす影響を調べた。その結果,各発育段階での発育速度は17～33℃の間で温度と正の相関があった。また直線回帰法と直接最適化法により発育臨界温度と有効積算温度を求めたところ,表1に示す結果を得た。

過去3年間にミカンコミバエが野外で最初に捕獲された時期は5月下旬であった。しかし,過去9年間の気象データによると,3月,4月の平均気温はいずれも発育臨界温度以上である。また前述のように1月,2月の平均地温も過冷却点以上であった。以上より江蘇省南部地域はミカンコミバエの生息に適した地域であり,春季に発育がやや停滞するものの,年間で4～5世代の繁殖が可能であると推測された。

(3) 紙コップ法による産卵選択に関する実験

紙コップ法とは,周りに小さな穴をあけた紙コップを伏せ,中に入れた野菜や果物などが雌の産卵行動に及ぼす影響を調べるものである。

実験の結果,果物の選択順は,ミカン,バナナ,マンゴー,ナツメ,ザクロ,リンゴ,モモ,スモモ,ブドウ,カキであった。野菜類では,ヘチマ,ササゲ,ニガウリ,キュウリ,ナス,カボチャ,ピーマン,トマトの順であった。また色と形状については,オレンジおよび緑色の球形の果実を選ぶ割合が高く,暗い色の角型の果実は比較的少なかった。

(4) 交尾行動と産卵・羽化の日周性の観察

飼育実験における観察から以下の知見を得た。

成虫は羽化してから約15日で性的に成熟し交尾を開始する。一連の交尾行動は交尾前行動,交接行動,交尾後行動に区分でき,ときには雌との交接のチャンスを増やすために雄が一定の場所に集まる「レック」が,交尾前行動にみられた。

産卵のピークは毎日15：00～17：00であった。サナギになってから8,9日で羽化が始まり,毎日の羽化は9：00～11：00に集中することがわかった。また成虫の羽化率は81％に達し,雌と雄の羽化比率は約6：5であった。

(5) 成虫のEAG応答

EAG法とは,揮発性化合物を昆虫の触角上にある匂い受容器に直接作用させて,その応答を電気生理学的に検出する方法で,昆虫の匂いに対する反応を調べるのに

使われる。本研究では2種類の誘引剤に対する成虫のEAG応答の日齢依存性を調べた。結果を図2に示す。ただし特許申請の関係で，ここでは誘引剤Ⅰ，Ⅱと記す。

これから16～50日齢のEAG反応が高く，交尾行動を開始した16～20日齢がとくに高いことがわかる。また平均的には，雌のほうが誘引剤に敏感である。また誘引剤Ⅰに対する反応が全般的に高い。これは誘引剤の成分の違いによる。

3. 日本での研究

筆者は，筑波大学の生物圏資源科学専攻で，本田洋教授の指導のもとにモモノゴマダラノメイガ（*C. punctiferalis*）について研究を行う予定である。本種は熱帯アジアから東アジアに広く分布し，各種の果樹，畑作物，香辛料作物に大きな被害を引き起こしている。これまでは殺虫剤を主体とした対策が行われてきたが，今後は生態学的な理解に基づいた総合的害虫管理（IPM）が重要と考えられている。

IPMを実施するためには，寄主選択にかかわる植物二次成分を利用した行動制御，とくに雌成虫による産卵選択行動と産卵誘引物質による制御という新しい技術が必要とされるが，本田教授のグループはそれにかかわる研究を広範に行っている。そこで，筆者は産卵寄主選択に関する化学生態学的研究を行い，将来的にはIPMの分野を中国の各種の虫害管理に展開したいと考えている。

橘小实蝇发生规律的研究

—以中国无锡地区为研究对象—

罗智心

1. 前言

在亚太地区橘小实蝇（*B. dorsalis*）是对果树，蔬菜产生很大危害的害虫。主要的寄主涉及橘，桃，李子，柿，石榴，青椒，茄，丝瓜，苦瓜等46科250种以上的果树，蔬菜，观赏性植物。

在中国，其主要发生在西南，华南地区，但近年有向北方扩大的倾向，已经侵入了江苏省南部地区（无锡市，苏州市等），对柑橘类产生了很大的危害。2005年，2006年无锡市的橘子受害率为20-30%，经济损失达200万元。

橘小实蝇有很多地理种群，各群的发生状况不同，所以需要个别的调查。于是，

本研究针对在无锡市逐渐扩大危害的侵入种的地理种群,进行了野外调查与室内试验。

2. 研究的方法与结果

本研究包括以下 5 部分。

(1) 关于越冬状况的野外调查与室内试验

根据 2005 年,2006 年的野外调查,已经得知无锡市的橘小实蝇会在地下约 5 cm 的深度以蛹的形态过冬。

于是,从 2007 年 12 月到 2008 年 4 月,每月在现场采集越冬中的蛹,使用电子自动记录仪测量了过冷却点。过冷却点是昆虫的体液冻结并死亡的温度,是耐寒性的指标。并且在采集时记录了地下温度。

图 1 显示了蛹的过冷却点与地下温度的推移。图中也标识了蛹的死亡率。过冷却点始终在 −10℃以下。从 12 月份的 −15.5℃到 3 月份的 −19.0℃有微小的降低,但变化的幅度很小。另一方面,地下温度的平均值在严寒期的 1 月,2 月也有 0℃以上,并在 3 月份急速上升。

蛹的死亡率在 1 月与 2 月急速增加。笔者认为其主要原因是,该时期发生的降雪与积雪引起的蛹外壳损伤与体液的流出。根据无锡市的气象数据,地下 5 cm 的平均温度不会低于 −10℃,所以温度不是蛹越冬障碍。

(2) 人工养殖试验

在可控制光照与温度的饲养箱中饲养了现场采集的蛹,调查了温度条件对发育阶段产生的影响。结果表明,各个发育阶段的发育速度在 17-33℃之间与温度有正相关性。另外,运用了直线回归法与直接最优法计算了发育的临界温度与有效积温,结果如表 1 所示

在过去的 3 年,在野外捕获到橘小实蝇的时期是 5 月下旬。但是根据过去 9 年的气象数据,3 月,4 月的平均温度均在发育临界温度以上。此外,如前所述,1 月,2 月的平均地温也在过冷却点以上。这些表明江苏省南部地区是适合橘小实蝇生长的地区,虽然春季的发育稍微滞后,但可以推测,一年内可以繁殖 4-5 代。

(3) 运用纸杯法的产卵选择性试验

所谓纸杯法是指将在周围开了小孔的纸杯倒置,并调查纸杯中放置的蔬菜或果实对雌性产卵行为产生的影响。

试验的结果表明,对果实的选择优先顺序为:橘,香蕉,芒果,枣,石榴,苹果,桃,李,葡萄,柿。对于蔬菜类的顺序是:丝瓜,豇豆,苦瓜,黄瓜,茄子,南瓜,青椒,番茄。另外,选择橙色与绿色的球形果实的比率比较高,选择暗色,方形的果

附　录

实的比较少。

(4) 交配行为与产卵，羽化的日周期性的调查

根据饲养试验的观察的到如下的结果。

成虫在羽化后约 15 天性成熟，并开始交配。交配的行为包括交配前行为，交配行为与交配后行为。有时还能观察到雄性为了增加与雌性交接概率而聚集的"求偶场(lek)"。

产卵的高峰是每日的 15：00-17：00。在成蛹后的 8～9 天开始羽化，羽化集中在每日的 9：00-11：00。另外，成虫的羽化率可达 81%，雌性与雄性的羽化比率为约 6：5。

(5) 成虫的 EAG 反应

EAG 法是指将挥发性化合物直接作用于昆虫触角上的嗅觉器官，并从生理电学方面检测其反映的方法，运用于调查昆虫对气味的反应。

本研究中调查了成虫对两种引诱剂的 EGA 反应与其日龄的关系。结果表示在图 2 中，但是因为正在申请专利，在此将其表示为引诱剂 Ⅰ，Ⅱ。

可以看出，16-50 日龄的 EAG 反应值高，在开始交配行为的 16-20 日龄该值特别高。另外，总体上雌性对引诱剂更敏感。并且对引诱剂 Ⅰ 的总体反应值更高。这是因为引诱剂的成分不同。

3. 在日本的研究计划

本人将在筑波大学的生物圈资源科学专攻的本田洋教授的指导下研究 (*C. punctiferalis*)。该种广泛分布于亚洲热带与东亚，会对各种果树，农作物，香辛料产生严重的危害。

至今为止，以运用杀虫剂为主的对策比较多，但是今后，基于生态学理解的综合害虫管理 (IPM) 会变得更加重要。

为了实施 IPM，需要进行与寄主选择有关的利用植物二次成分的行为抑制，尤其是运用雌性成虫产卵选择行为与产卵引诱物质抑制的新技术。而本田教授的课题组在广范围进行着与之有关的研究。

因此，本人希望进行关于产卵寄主选择的生态化学研究，并在将来把 IPM 领域推广到中国的各种害虫管理中去。

酸漿豆腐の工業生産に関する基礎的研究

管立軍

1. はじめに

　筆者は，大豆の加工技術と加工品の応用に関する研究を行っている。大豆は，植物性タンパク源として最も一般的でまた重要であり，すでに世界の52ヵ国および地域で栽培されている。大豆の原産地は中国である。このため中国では昔から大豆の加工技術が発達し，それらは日本，韓国，ベトナムなどの隣国をはじめ，アジアの広い地域に広まった。しかしこの一世紀では，日本などにおける技術開発の進歩がめざましく，中国における大豆加工技術は相対的に停滞している。実際，大豆加工に関する研究者の数が世界で最も多い国は日本であり，日本の大豆食品産業は急速に発展している。

　大豆は，豆の形のまま食べることもあるが，多くの場合は粉末やゲル状に変性し，さまざまの形態に加工して食べる。また大豆から取り出した油や栄養は，他の食品にも添加される。したがって，大豆の加工技術の豊かさは，食の種類の豊かさにも通じるといえる。大豆の原産地である中国には，数千年に及ぶ大豆加工の歴史があり，各地域に種々の特徴的大豆食品がある。しかしそれらの加工過程は，科学的な観点からは十分調べられてなく，また工業生産化されていない。そこで，中国の伝統的大豆加工技術を現代科学の観点から高度化することが，中国の大豆加工産業を発展させる有効な方法である。

2. 研究対象と方法

　酸漿（スワンジャン）豆腐は福建省長汀地方で発祥した食品で，その甘ずっぱい味は非常に人気が高い。この種の豆腐は乳酸菌を用いて豆乳を発酵させ，機能的成分である γ-amino butyric acid（GABA）を多く含んでいるため健康にもよい。GABAには脳の機能改善や血圧低下の機能がある。しかし酸漿豆腐の生産過程は経験的要素を多く含むため，大量生産されてはいない。そこで筆者は，乳酸菌による発酵過程および凝固過程について科学的に研究し，工業生産の可能性を検討した。

　本研究は，以下の4つの段階を踏んで実施された。(1) 発酵に最適な乳酸菌を選

別した。薄層クロマトグラフィーを用いてGABA生産に有効と思われる乳酸菌の候補を選別し，続いて高速液体クロマトグラフィーを用いてGABA生産性のとくに高い乳酸菌を選定した。(2) 凝固剤を全く添加しない条件において，乳酸菌で発行させた豆乳を凝固させる方法を検討し，安定して凝固させるためのキーパラメーターを確定した。(3) 作成された乳酸菌発酵豆腐が含むGABA，大豆ポリペプチド，イソフラボン転移物などの機能成分の量，およびそれらの酸化抵抗特性を計測し，栄養機能性を評価した。(4) 共焦点レーザー走査顕微鏡を用いて，凝固する過程におけるタンパク質の微細構造の変化を観察し，乳酸が豆乳を凝固させる過程を詳細に検討した。

3. おもな結果と考察

(1) 乳酸菌の選別

伝統的な酸漿豆腐を制作する酸漿には，多種の乳酸菌が含まれる。さらに自然に発酵させるため，腐敗菌も含まれている。したがって品質が安定せず，また品質保持期間も短い。そこで，本研究ではGABA生産率が高く，また味，色，食感などにすぐれた酸漿豆腐を生産できる8種の乳酸菌を酸漿から選別した。図1は，それらのうち最もすぐれた2種の乳酸菌の菌体形態の顕微鏡写真である。分子生物学的実験によって，この2種の乳酸菌は植物乳桿菌および短乳桿菌と判定された。

(2) 安定に凝固させる条件

上記で選別した乳酸菌について，GABAの含有量を指標にして単要素実験を行い，酸漿豆腐生産の最適条件を検討した。結果を図2に示す。得られた条件は，接種量2%，発酵温度38℃，PH値5.7，加熱温度84℃であった。

(3) 機能成分の含有量

確定した酸漿豆腐の生産加工条件で実際に酸漿豆腐を製作し，機能成分含有量を計測して中国の他種の豆腐と比較した。その結果，酸漿豆腐のGABA含有量は110 mg/gであり，他の豆腐の2倍以上であった。また活性ポリペプチドが含まれ，抗酸化能力も他の豆腐より高かった。

4. まとめ

酸漿豆腐は，一般的な豆腐より営養価も機能性も高い。実験で得られた加工条件において製作した酸漿豆腐は，市場で売られている酸漿豆腐より品質が安定して，品質保持期間も長い。なお，加工条件の中でGABA生産に最も影響の大きい因子は

PH 値と加熱温度であった。

本研究では，以上の研究結果に基づき，酸漿豆腐を工業生産するための重要事項の取りまとめも行った。

5. 日本での研究

東京大学の田之倉優先生のもとで，X 線結晶構造解析や NMR を用いてタンパク質の立体構造と機能について解析し，それらの間の関係を研究する予定である。

前述のように，本研究では乳酸菌で豆乳を発酵させる過程で活性のポリペプチドが生まれた。ただし，その立体構造までは明らかにできなかった。そこで日本では，この活性のポリペプチドの立体構造，機能およびそれらの間の関係を引き続き研究し，より合理的な豆腐製造について研究していきたい。

关于酸浆豆腐工业生产的基础研究

管立军

1. 前言

本人的研究内容是大豆的加工技术与加工品的应用。作为最普及的重要植物性蛋白源，现在世界上已有 52 个国家或地区种植大豆。大豆的原产地是中国。因此，自古以来中国的大豆加工技术就很发达，这些技术广泛流传于以日本，韩国，越南等邻国为代表的亚洲地区。但是，在近一个世纪，日本等的技术开发的进步显著，而中国的大豆加工技术发展则相对缓慢。实际上，世界上从事大豆加工的研究者数量最多的国家正是日本，其大豆加工产业技术发展迅速。

大豆可以直接食用，而多数情况下会加工成粉末或胶状食用。另外，从大豆提取的油脂，营养等还可以添加到其他食品。所以，可以说大豆加工技术的丰富程度也关系到饮食种类的丰富程度。大豆的原产地中国拥有长达数千年的大豆加工历史，各地区有各种具有特色的大豆食品。然而，对其加工过程还没有充分地从科学的角度调查，也没有实现工业化的生产。所以，从现代科学的角度提高中国传统大豆加工技术，才是发展中国大豆加工产业的有效方法。

2. 研究的对象与方法

酸浆豆腐发源于福建省长汀地区，其酸甜的口味非常受欢迎。该种豆腐使用乳酸菌发酵豆浆，含有大量的功能性成分 γ-amino butyric acid（GABA），有益健康。GABA 具有改善大脑机能，降低血压等功能。但是，酸浆豆腐的生产过程依靠很多经验要素，尚未实现规模化生产。所以，本人科学地研究了乳酸菌引起的发酵过程与凝固过程，探讨了工业化生产的可能性。

本研究包括以下四个阶段：(1) 选取最适于发酵的乳酸菌。利用薄层层析法，筛选了被认为能够有效生产 GABA 的候选乳酸菌，接着使用高效液相色谱选择了 GABA 生产力特别高的乳酸菌；(2) 探讨了在完全不使用凝固剂的条件下凝固用乳酸菌发酵豆浆的方法，并确定了稳定凝固的关键参数；(3) 测定了制备的乳酸菌发酵豆腐包含的 GABA，大豆多肽，大豆异黄酮等功能成分的量与抗氧化性，评价了其营养功能性。(4) 使用共聚焦激光扫描显微镜，观察了凝固过程中的蛋白质的微观构造的变化，详细地探讨了乳酸凝固豆浆的过程。

3. 主要的结果与讨论

(1) 乳酸的筛选

制作传统的酸浆豆腐的酸浆包含多种乳酸菌。再加上因为是自然发酵，其中还会包含腐败菌。所以其品质不稳定，且保质期也短。于是，本研究中从酸浆中筛选了 8 种 GABA 生产率高，并能够生产色，味，口感优良的酸浆豆腐的的乳酸菌。图 1 是其中的最优秀的两种乳酸菌的菌体形态的显微镜照片。根据分子生物学实验判定，这两种乳酸菌是植物乳杆菌以及短乳杆菌。

(2) 稳定凝固的条件

对于上述筛选的乳酸菌，以 GABA 的含有量为指标，进行了单要素实验，探讨了酸浆豆腐生产的最适条件。结果表示于图 2。得到的条件是，接种量 2%，发酵温度 38℃，PH 值 5.7，加热温度 84℃。

(3) 功能性成分的含有量

使用确定的酸浆豆腐生产加工条件，制作了酸浆豆腐，并测量了功能性成分并与中国的其他豆腐做了比较。结果表明，酸浆豆腐的 GABA 含有量为 110 mg/g，是其他豆腐的两倍以上。另外还含有活性大豆多肽，抗氧化能力也比其他豆腐高。

4. 总结

与普通的豆腐相比，酸浆豆腐的营养价值与功能性更高。使用实验中确定的条件制备的酸浆豆腐与市场上的酸浆豆腐相比，品质更稳定，保质期更长。另外，加工过程中对 GABA 成产影响最大的因子是 PH 值与加热温度。

基于以上内容，本研究还总结了工业生产酸浆豆腐的重要事项。

5. 在日本的研究

本人将在东京大学的田之仓优老师的研究室，使用 X 线结晶构造解析与 NMR，解析蛋白质的立体构造与功能性，以及它们的关系。

如前所述，本研究中在用乳酸菌发酵豆浆的过程中产生了活性多肽。但是尚未解释其立体构造。于是，希望在日本继续研究这种活性多肽的立体构造与功能性及其关系，探讨更合理的豆腐制造过程。

附　　録

中国北部における温室野菜の病害の病原真菌に関する実態研究

趙彦傑

1. はじめに

　近年，温室野菜栽培が急速に発展し，季節や地域によらず食材を豊かにしている。統計によると，2009年における世界の温室野菜栽培面積の約70％を中国が占めている。

　温室の環境は，野外に比べて閉鎖的であり，昼と夜の温度差が大きく湿度が高い。このため病原体が繁殖しやすい環境になる。また，温室においては一般に同一種の作物を連作するため，病原体による病害が拡大しやすい。

　温室栽培面積の拡大とともに，新種の病害や新たな症状が発生するようになった。それに対して正しく対処していくには，病原体の正確な分類と，それに基づく防除方法の研究が必要である。

　そこで本研究では，山東省，河北省，遼寧省のほぼ全域において，病害が発生した32地点の温室で野菜病害を調査し，以下に示す研究を行った。

2. 研究方法

　(1) 感染した96種の温室野菜の病害標本を採取した。各標本について症状の写真を撮り，採取地点，採取時間，病状発生部位，病害の深刻さの程度を詳細に記録した。

　(2) 直接分離培養法により植物組織から真菌を分離した。新鮮な病害標本を選び，約4 cm×4 cmの大きさに切り出して，表面をアルコール消毒したのち，PDA培地において培養した。電子顕微鏡を用いて培地内と病斑上の菌の形態的特徴を観察し，写真を撮った。

　(3) 同じ種類の健康な野菜に，分離菌の懸濁液を噴霧接種した。もし原病症が再現され，また接種菌と同様の性状の菌が再分離された場合は，この分離菌が病原であると判断した。

　(4) 分子生物学的特徴を調べるために，真菌のrDNA-ITS領域の配列を計測した。まず分離菌の菌糸からDNAを抽出した。次に，本目的のために設計したプライマー

を使って，RT-PCRの手法を用い，rDNA-ITSの配列を複製した．さらに配列計測結果に基づき，ジーンバンクの中の既知の配列と比較した．

以上の結果から真菌の種を同定し，感染植物および症状と真菌の種の組合せを，既存の報告と比較し検討した．

3. 結果と考察

表1に示す新たな知見を得た．このうち①～⑥は中国ですでに確認されている真菌だが，従来は報告されていない野菜で発病した．また⑦は，今までインドでしか確認されていなかったが，今回，中国で初めて確認された．以下，①と⑤の症例について記述する．

(1) *Myrothecium roridum* の症例

M. roridum は，従来はワタ，クワ，マクワウリ，スイカなどでの発病が報告されていたが，今回の調査ではトマト，インゲンマメ，ナスでも発病していた．

図1の上段に①による病状の写真を示す．植物の葉に病斑が現れ，最後はしおれる．病斑は黄色から黒褐色で，大きさ0.5～2.0 cmの輪状である．図1の下段には真菌の顕微鏡写真を示している．この形態と上段に示した症状から，本病原体はすでに報告されている *M. roridum* と同一であると結論した．

M. roridum は一般的に土壌中で存在し，適当な環境の条件があれば，分生子が発芽し植物に侵入する．特に葉の表面に露がついた状態で侵入するので，湿度が高く日中と夜間で温度差の大きい温室で病害を起こしやすい．

本研究では，新しい感染植物の事例が山東省寿光市と淄博市で発見されたが，今後広範囲で発生するおそれがある．

(2) *Corynespora cassiicola* の症例

C. cassiicola は，従来はキュウリ，トマトの病害の病原体として知られていたが，今回はニガウリで発生し，今後はウリ科植物全体に深刻な被害を与えるおそれがある．

図2の上段に⑤によるニガウリの症状を，下段に病原体の顕微鏡写真を示す．左が葉の病状，中が果実の病状，右は以前から報告されているキュウリの病状である．はじめは黄色の小斑点を生じ，のちに病斑が拡大し融合して，最後はぼろぼろになってしまう．病菌の形態と分子生物学的測定の結果から，両者は同一であると結論した．

この真菌は1973年に草の葉で発見されたが，1996～1998年にアメリカのノー

スカロライナで，栽培キュウリの生産量を30％に減少させた。キュウリとニガウリは同じウリ科の植物に属するが，2003年の人工的接種実験では，ニガウリは感染しなかった。しかし今回の研究では，温室環境下でニガウリに感染しており，同時に行われた野菜病害調査でも⑤による被害が甚大であった。したがって，この真菌による被害は今後さらに拡大するおそれがある。

4. まとめと今後の研究計画

温室栽培により同一種の作物を連作し，また新品種を導入することにより，野菜病害の発生状況や病原菌の種類も複雑になってきた。本研究で発見した新たな病害は7種であるが，まだ発見されていない病害も多く，また新種の病害が生じるおそれも高いと考えられる。今後もこのような研究を続けていくことが，病害の予防や防除に対して必要である。

なかでも Corynespora 属類の真菌はいろいろな植物に感染し，被害も甚大だが，それに関する研究は世界的にも少ない。そこで筆者は，筑波大学の生物資源学専攻の柿島真先生の指導のもとに，分子生物学の手法でこの種の真菌分類を研究したいと考えている。

有关中国北部温室蔬菜病害的病原真菌的势态研究

赵彦杰

1. 前言

近年，温室蔬菜栽培急速发展，不论季节与地区，都为人们提供着丰富的食物。据统计，中国占2009年世界温室蔬菜栽培面积的70％。

温室的环境相对野外封锁，昼夜温差大且湿度高。因此该环境有利于病原体的繁殖。另外，一般在温室中会连续种植同种作物，所以病原体引起的病害容易扩大。

随着温室栽培面积的扩大，新种引起的病害与新的病状开始出现。为了正确的解决这些问题，需要对病原体正确分类的认识，以及基于正确分类的防治方法的研究。

在本研究中，在山东省，河北省，辽宁省的几乎全域，调查了发生病害的32个地点的温室蔬菜病害，并进行了如下的研究。

2. 研究方法

（1）收集 96 种被感染的温室蔬菜的病害标本。拍摄各个标本的病状，详细的记录了采样地点，采样时间，病状发生的部位，病害的严重程度。

（2）使用直接分离培养法，从植物组织分离真菌。选取新鲜的病害标本，切取 4 cm × 4 cm 大小，用酒精消毒表面后用 PDA 培养基培养。使用电子显微镜观察并拍摄培养基内与病斑上的菌的形态特征。

（3）用分离的菌的悬浊液在同种的健康蔬菜上喷雾接种。如果能够再现原来的病症，且能够再分离与接种菌同样形状的真菌的话，即断定该菌是病原。

（4）为了进行分子学特征的研究，调查了真菌 rDNA-ITS 领域的排序。首先，从分离菌的菌丝提取 DNA；然后，使用为本实验设计的引物，使用 RT-PCR 方法，复制 rDNA-ITS 的排列；最后基于调查的排列结果，与基因库中已知的排列做比较。

根据以上结果来断定真菌的种类，将感染植物的病状与真菌的组合，与既存的报告做比较和探讨。

3. 结果与讨论

得到了表 1 所示的新结果。其中①～⑥是在中国已经被发现过的真菌，但这次在以前没有被报告的蔬菜上发病。另外⑦以前只在印度被发现，这次是首次在中国发现。在下面，对①和⑤的症状进行描述。

（1）*Myrothecium roridum* 的病状

M. roridum 曾被发现感染于棉花，桑，甜瓜，西瓜等作物上，但在本次调查中发现在番茄，四季豆，茄子上也有发病。

图 1 上排是①引起的病状的照片。植物的叶上出现病斑，最终枯萎。病斑颜色为黄色～黑褐色，成半径为 0.5-2.0 cm 的轮纹。图 1 下排是真菌的显微镜照片。根据其形态与上排显示的病状判断，该病原体与已被发现的 *M. roridum* 是同一种。

M. roridum 一般存在于土壤中，在适当的条件下，分生孢子就会发芽并侵入植物。因为在叶面有露水的情况下更容易侵入，所以在湿度高，昼夜温差大的温室更容易引起病害。

本研究中，新感染植物的病例出现在山东省寿光市与淄博市，但是今后有可能在更大范围内传染。

（2）*Corynespora cassiicola* 的病状

既往的报告中 *C. cassiicola* 是黄瓜，番茄的病害的病原体。本次发现感染于苦瓜，

今后有可能会对所有葫芦科带来严重的影响。

图 2 上排是⑤引起的苦瓜的病状，下段是病原体的显微镜照片。左边是叶的病状，中间为果实的病状，右边是以前的报告中的黄瓜的病状。最初产生黄色的小斑点，之后病斑扩大，聚合，最后叶子破烂不堪。从病菌的形态与分子学测定的结果判断两者是同一种。

该真菌在 1973 年被发现于草的叶部，但 1996-1998 年间在美国的北卡罗来纳州，使栽培的黄瓜的生产量减少了 30%。黄瓜与苦瓜均属葫芦科，但在 2003 年的人工接种试验中苦瓜并没有感染。但是在本次的调查中发现在温室环境下感染于苦瓜，在同时进行的蔬菜病害调查中，⑤引起的危害甚为严重。所以，该真菌引起的病害今后可能会进一步扩大。

4. 总结与今后的研究计划

由于温室栽培中同种作物的连作以及新品种的种植，蔬菜病害的发生状况与病原菌的种类变得复杂。本研究中发现的新病害有 7 种，但未被发现的病害还很多，并且有可能出现新种引起的病害。为了预防与防治病害，今后有必要继续进行类似的研究。

其中 *Corynespora* 属的真菌感染于各类植物，危害甚大，但对其的研究在国际上还很少。所以，本人将在筑波大学的生物资源学专攻的柿岛真老师的指导下，运用生物分子学的手法研究该种真菌的分类。

TPI 遺伝子の原核発現および純化に関する研究

―イタリア蜜蜂を対象として―

徐剣

1. はじめに

三炭糖リン酸イソメラーゼ (Triosephosphate isomerase, 以下では TPI) は，生物体内に幅広く存在する解糖系酵素の一種で，ジヒドロキシアセトンリン酸 (DHAP) とグリセルアルデヒド-3-リン酸 (G3P) の間の可逆反応の触媒である。TPI は，解糖系経路，脂肪酸合成経路，糖新生経路，ペントースリン酸経路などの代謝において重要な作用を発揮する。TPI は哺乳動物，昆虫，菌類，植物，バクテリアなど，ほとんどすべての生命体において見いだされており，生命活動において基本的に重要であると考えられている。

高等動物が TPI 欠乏に陥ると溶血性貧血の症状を呈し，ひどくなると死亡するおそれがある。その原因は普通は常染色体劣性遺伝であり，治療のためには TPI を投与する必要がある。そのために最適な TPI の開発が薬学上の 1 つの課題となっている。

今までの TPI に関する研究は，酵素としての触媒メカニズムおよび物理的・化学的な特性などを中心にしている。また，各種の生物の TPI をクローンし，機能を研究したうえで薬品開発に応用する研究も盛んに行われている。しかし蜜蜂の TPI についての研究はまだ行われていなかった。蜜蜂は経済的に重要な昆虫であるため，品種改良の長い歴史をもち，よく研究されている昆虫の 1 つである。また，昆虫を含む動物の組織や代謝の研究において，モデル実験生物として利用されることも多く，2004 年には蜜蜂の全ゲノムのシーケンスが発表されている。そこで，蜜蜂の TPI に関する研究は有用であると言える。

2. 研究の材料

本研究では，イタリア蜜蜂 (*Apis mellifera ligustica*) の TPI (AMTPI) を，以下の 3 つの段階を踏んで研究した。

① AMTPI の遺伝子のシーケンスの確認と他の動物の既知の TPI との比較。
② AMTPI 融合タンパク質の大腸菌での発現，純化および濃縮。

③ TPIの遺伝子のシーケンスに基づく分子進化系統樹の作成と，形態分類の結果との比較。

クローン菌として Escherichia coli TG1 を，発現菌として E. coli BL21 (DE3) を使用した。また，クローン担体として TAKARA バイオテク（大連）の pMD18-T を，GST 融合発現担体として pGEX-4T-2 を用いた。これらは本実験室で保存されているものである。浙江大学動物学部の養蜂場のイタリア蜜蜂も用いた。

3. 研究の方法

まずイタリア蜜蜂の筋肉組織から RNA を抽出し，本研究で新たに設計したプライマーを使い，RT-PCR の手法を用いて蜜蜂の第 16 番染色体にある AMTPI 遺伝子の cDNA シーケンスを複製した。次に，TPI を挿入した pMD18-T 担体のシーケンス計測結果に基づき挿入 DNA の全塩基配列を解読した。対象とする遺伝子を pGEX-4T-2 の上に複製し，大腸菌 BL21 の中に発現した。さらに GST-AMTPI 融合タンパクを純化し濃縮した。最後に遺伝子情報処理ソフトウェア（MEGA）を用いて分子系統進化分析を行い，TPI アミノ酸シーケンスの分子進化系統樹を作成した。

4. 結果と考察

(1) AMTPI クローンの特性

AMTPI クローンの ORF (Open Reading Frame) が 744bp であること，およびエンコードするアミノ酸の長さが 247 であることがわかった。獲得した AMTPI を既知の TPI と比較したところ，ジーン全体のホモロジーは 69％以上であり，アミノ酸では 59％以上であった。全体の生物の TPI の活性中心（AYEPVWAIGTG）の構成順番は共通性が高く，多少の差異はあるが，ホモロジーは 99％以上であることがわかった。なお GeneBank 登録番号は EU76098 である。

(2) 大腸菌 BL21 に発現した標的タンパク質

実験結果を図 1 に示す。図 1A の左端はマーカーと対照するブランクの発現，次に左から 0，0.5，1，2，4，6 時間でのデータである。また図 1B は純化し濃縮した標的タンパク質である。これから標的タンパク質の大きさは約 52 kDa，4 時間での発現量は総タンパク量の 42.1％であることがわかった。

(3) 分子系統進化分析

遺伝子情報処理ソフトウェア（MEGA）を用いて，11 種類の昆虫の TPI アミノ酸

配列に基づく分子進化系統樹を作成した。（図2）この図からわかるように，分子進化系統樹と昆虫形態による分類とはほぼ一致している。したがって，TPIアミノ酸配列による分類の結果は信頼性が高いと考えられる。

5. まとめ

TPIは生物の代謝において重要な作用を発揮する。本研究では，蜜蜂のTPI遺伝子を大腸菌BL21の中にうまく発現し，GST融合タンパクを大量に獲得した。その結果，信頼できるTPIアミノ酸シーケンスの分子進化系統樹を作成できた。筆者の所属した研究室では，現在はそのタンパク質の酵素としての触媒機能や，蜜蜂体内のTPIの分布，組織による発現差異，他の酵素との関係および人間の細胞系での発現状況の研究を進めている。

6. 日本での研究

上述の研究においては原核での発現を利用しているが，これにはタンパク質のいわゆる後期修飾ができないという欠点がある。したがって，発現した酵素は，天然の酵素と比較すると一般的に活性が低い。一方，真核での発現は天然タンパク質に近いため，現在は真核発現系を用いた研究も行われている。

そこで筆者は，九州大学の生物資源開発管理学専攻で，カイコ-バキュロウイルス発現系を用いた組換えタンパク質分泌経路の研究を行う予定である。とくに，標的タンパク質の糖鎖修飾と分泌効率の解析についての研究および応用を行う。これにより，大量に活性的なタンパク質を獲得することができると考えられる。

TPI 基因的原核的表达及其纯化的研究

—以意大利蜜蜂为对象—

徐剑

1. 前言

磷酸丙糖异构酶（Triosephosphate isomerase：以下称TPI）是生物体内广泛存在的糖酵解酶的一种，是磷酸二羟丙酮（DHAP）与甘油三磷酸（G3P）之间的可逆反应的催化酶。TPI在糖酵解途径，脂肪酸合成途径，糖新生途径，戊糖磷酸途径等代

谢中发挥着重要的作用。TPI被发现于哺乳动物，昆虫，菌类，植物，真菌等几乎所有生命体，被认为对生命活动有基础性的重要意义。如果高等动物缺乏TPI，会引起溶血性贫血症状，严重的会导致死亡。其原因一般是常染色体隐性遗传，为了治疗需要补充TPI。为此开发最适合的TPI是医药学上的重要课题。

至今的有关TPI的研究的中心是酶的催化机理以及物理化学特征。另外，克隆各种生物的TPI，在研究其功能性的基础上应用于医药开发的研究也很多。然而，对蜜蜂的TPI的研究还没有进行。蜜蜂是重要的经济昆虫，拥有长久的品种改良历史，是经常被研究的昆虫之一。另外，在包括昆虫的动物组织代谢的研究中，也经常被当作试验的模型生物，已经在2004年发表了蜜蜂的全染色体序列。所以，关于蜜蜂的TPI研究是非常有用的。

2. 研究的材料

在本研究中通过三个步骤研究了意大利蜜蜂（*Apis mellifera ligustica*）的TPI（AMTPI）

① AMTPI的基因序列的确认以及与已知的其他动物的TPI的比较。
② AMTPI融合蛋白质在大肠菌中的表达，纯化及浓缩。
③ 基于TPI基因序列的分子进化树的制作，以及与形态分类结果的比较。

克隆菌使用了*Escherichia coli* TG1，表达菌使用了*Escherichia coli* BL21（DE3），克隆载体使用了TAKARA生物技术（大连）的pMD18-T，GST融合表达载体使用了pGEX-4T-2。这些都是在本研究室保存的。并使用了浙江大学动物学专业的养蜂场的意大利蜜蜂（*Apis mellifera ligustica*）。

3. 研究的方法

首先从意大利蜜蜂的肌肉组织提取RNA，使用了本研究中设计的引物，运用RT-PCR复制了蜜蜂第16号染色体的AMTPI基因的cDNA染色体。然后，基于插入TPI的pMD18-T载体的染色体序列测定结果，解读了插入DNA的全盐基配列。将研究对象的基因复制到pGEX-4T-2上，并在大肠菌的BL21中表达。然后纯化浓缩了GST-AMTPI融合蛋白。最后运用基因信息处理软件（MEGA）分析了分子系统进化，制作了TPI氨基酸序列的分子进化系统树。

4. 结果与讨论

（1）AMTPI 克隆的特性

经研究得知 AMTPI 克隆的 ORF（Open Reading Frame）是 744bp，氨基酸编码长度是 247。比较了获得的 AMTPI 与已知的 TPI，发现基因总体的相似率为 69% 以上，氨基酸的相似率为 59% 以上。总体的生物 TPI 的活性中心（AYEPVWAIGTG）的构成顺序的相似性比较高，虽有一些差异，但相似性在 99% 以上。另外，基因库（GeneBank）中的登记号码为 EU76098。

（2）在大肠菌 BL21 上表达的目标蛋白质

试验结果表示于图 1。图 1A 的左端是与标记物对应的空白试验中的表达，其次从左边开始分别为 0，0.5，1，2，3，4，6 小时的数据。另外，图 1B 是纯化浓缩的目标蛋白质。由此可以得知目标蛋白质的大小约为 52 kDa，4 小时的表达量是总蛋白量的 42.1%。

（3）分子进化树分析

使用基因信息处理软件（MEGA），制作了基于 11 种昆虫的 TPI 氨基酸序列的进化系统树。由图 2 可知分子进化系统树与基于昆虫形态的分类基本一致。所以，可以认为基于 TPI 氨基酸序列的分类的结果可信度很高。

5. 总结

TPI 在生物代谢中发挥重要的作用。本研究中，成功地将蜜蜂的 TPI 基因表达到大肠菌 BL21 上，获得了大量 GST 融合蛋白。结果，制作了可信的 TPI 氨基酸序列分子进化系统树。本人所在的实验室现在研究该蛋白质作为酶的催化功能，蜜蜂体内的 TPI 分布，不同组织中的表达差异，与其它酶的关系以及在人体细胞中的表达状况。

6. 在日本的研究

上述研究中运用了在原核上的表达，但这种方法具有不能进行蛋白质的所谓后期修饰的缺点。所以，表达的酶与天然酶相比，一般活性比较低。另一方面，在真核中的表达接近天然蛋白，所以现在运用真核的表达系统的研究也在进行。

于是，本人将在九州大学的生物资源开发管理学专业，研究运用蚕-杆状病毒表达系统的转蛋白分泌路径。特别是目标蛋白的糖锁修饰与分泌效率的解析的研究与应用。此方法具有获得大量活性蛋白质的可能。

附録

樹種による森林降水量の再分配特性の相違

—クリカシ群落とアカマツ群落を対象として—

石珺

1. はじめに

　森林における健全な水循環とそれに伴う物質循環は，森林生態系の成り立ちの基礎であるとともに，河川の流量および水質の形成に重要な役割を果たしている。

　森林における降水の運動の概念図を，図1に示す。降水の一部は樹冠に遮蔽（しゃへい）され，多くは降雨終了後に蒸発する。残りは樹木の幹を伝ってゆっくり流れる樹幹流と，直接下方に落下する林内雨に分かれる。また林内雨は灌木や下草によって一部が遮断され，残りが地面に達する。このように，森林は降水のパターンを大きく変化させる。

　上記のような経路の違いによって水質も変化する。樹幹流は樹木の分泌物を溶解しながら流れるために種々の物質を含み，樹木の周辺の土壌に栄養を供給する。また地上に直接落下した林内雨は，地表に堆積している有機物や懸濁物質を輸送する。これらは森林内および流出河川の栄養状態に異なる影響を与える。

2. 研究対象と方法

　本研究では，浙江省寧波市にある華東師範大学の天童野外生態試験地にあるクリカシ群落とアカマツ群落で観測を実施した。観測期間は2008年6月から2009年1月である。クリカシは亜熱帯性の常緑広葉樹，アカマツは常緑針葉樹である。なお，両試験区とも25 m × 25 mの広さで互いに隣接しており，降雨は同一とみなせる。

　林外雨は，両群落から50 mほど離れた平地に転倒枡式雨量計を設置して計測した。林内雨量の観測には，プラスチック製の円形ロート（直径25.0 cm）を取り付けたプラスチックボトルの収集装置を用いた。林内雨は空間的に不均一なので，各試験区の林床に25個の収集装置をランダムに配置し，毎回の降雨後に貯留量を測定した。樹幹流の測定は，各群落10本ずつを対象として薄管収集方法で行い，毎回の降雨後に貯留量を測定した。収集した水は実験室に持ち帰り，pH，電導度，NO_3^-濃度，SO_4^{2-}濃度などを測定した。

3. 観測結果と考察

(1) 降水量の再配分特性

各降雨事象の林内雨量と林外雨量の相関を，図2に示す。これから，クリカシ群落とアカマツ群落で大きな差の見られないことがわかる。林外雨が5 mm以下では林内雨は1 mm以下だが，林外雨が10 mmを超えると林内雨は急激に増加する。なお図中の曲線は，指数関数を用いて各群落のデータを回帰したものである。

試験地の樹木本数と面積を考慮して，樹幹流から相当雨量を求めた。その結果と林内雨の相関を，図3に示す。どちらの群落においても，林外雨が5 mm以下では樹幹流の相当雨量は無視できる程度であり，林内雨に比較して小さい。しかし，林外雨が5 mmを超えるとアカマツ群落の樹幹流は急増する。

林外雨量から林内雨量と樹幹流を差し引いた量を樹冠遮断量とし，林内雨との相関を求めた結果を，図4に示す。林外雨が5 mmまでは両群落は同じ傾向を示すが，それ以上になると針葉樹のアカマツの遮断量は一定になり，広葉樹であるクリカシより相対的に小さくなる。

(2) 林内雨と樹幹流の化学特性

観測全期間の平均水質を表1に示す。林内雨と樹幹流を比較すると，pHとNO_3^-濃度は樹幹流が高く，SO_4^{2-}濃度は林内雨が高い。また電気伝導度はほぼ同じであった。一方，2つの群落を比較すると，pHとSO_4^{2-}濃度には有意な差は認められないが，電導度とNO_3^-濃度はアカマツ群落が高くなっている。

4. 日本での研究

本研究では森林の地上部分についてのみ調べた。また計測範囲も狭かった。しかし森林保全のためには，地下も含めた1つの流域について，水循環と水質を研究する必要がある。

東京大学の鈴木雅一先生は，日本の森林流域において，現地計測と数値モデルの両面から森林流域の水循環と水質について研究している。そこで筆者は，鈴木先生の森林流域に関する水循環と水質に関する全体的研究に参加したい。

附 录

根据树种不同森林降水量的再分配特性的差异

—以栲树群落与马尾松群落为对象—

石珺

1. 前言

森林中健全的水循环及与其相关的物质循环，是森林生态系统成立的基础，同时也对河流流量以及水质的形成起着重要的作用。

森林中的降雨过程示意图由图 1 所示。降水的一部分被树冠阻挡，其中的大部分在降雨结束后蒸发。剩下的降水，或者沿着树干形成树干流慢慢地流下，或者直接落下形成林内雨。而林内雨又会再次被灌木或草木所阻挡，只有一部分会到达地面。像这样，森林会很大程度地改变降水过程。

根据上述的几种不同的路径，水质也会发生变化。树干流会溶解部分树木的分泌物，因此会含有各种不同的物质，可以给树木周围的土壤提供营养成分。直接下落的林内雨，则将地表堆积的有机物，悬浊物等输送到别的地方。它们会对森林内以及流出的河流的营养状态起到不同的影响作用。

2. 研究对象与方法

此次的研究，是基于对华东师范大学的位于浙江省宁波市天童野外生态试验地的栲树群落和马尾松群落的观察进行的。栲树是亚热带的常绿阔叶树，而马尾松是常绿针叶树。两个试验区面积都为 25 m × 25 m，且互相邻接，降雨状况也可被认为是同样的。

林外雨是在距离两群落约 50 m 左右的平地上用倾斗式量雨器计测的。林内雨是用塑料瓶作为收集装置来进行观测的。由于林内雨在空间上的分布是不均匀的，在两个试验区的林床中各随机设置了 25 个收集装置。每一次降雨以后都测定其中的雨水的残留量。收集的雨水带回实验室，测定其 ph 值，电导率，以及 NO_3^-，SO_4^{2-} 离子浓度。

3. 观察结果和考察

(1) 降水量的再分配特性

各降雨过程的林内雨和林外雨的相关图由图 2 表示。由此可以看出，栲树群落

和马尾松群落表现出较大的差异。虽然林外雨在 5 mm 以下的时候，林内雨只有一毫米，但是当林外雨超过 10 mm 时，林内雨急剧增大。此外，图中的曲线是用指数函数对各群落的数据进行回归计算以后的数据。

考虑试验地的树木的数量和面积，可以计算出与树干流相当的雨量。其结果与林内雨的相关关系如图 3 所示。两个群落都显示出，在林内雨小于 5 mm 时树干流相对于林内雨小到可以忽视。但是当林外雨超过 5 mm 时，马尾松群落的树干流急剧增加。

由林外雨的量减去林内雨和树干流，其差就是树冠遮蔽的量。其与林内雨的相关关系如图 4 所示。林外雨在小于 5 mm 的时候两群落表现出相同的倾向。在大于 5 mm 的时候，针叶树的马尾松的遮断量达到了上限，比广叶树的栲树相对要小。

(2) 林内雨与树干流的化学特性

观测全期间的平均水质由表 1 表示。将林内雨和树干流比较可以得出：树干流的 pH 值和 NO_3^- 离子浓度比较高，而林内雨的 SO_4^{2-} 浓度比较高。两者的电导率几乎相同。

此外，比较两个群落可以得出：pH 值和 SO_4^{2-} 浓度虽然没有显著差异，但是在电导率和 NO_3^- 离子的浓度方面，马尾松群落比较高。

4. 赴日后的研究

本研究只对森林的地上部分进行了调查研究。试验范围也比较小。但是，从保护森林的角度来讲，必须进行包含地下水部分的整个流域的水循环和水质的研究。

东京大学的铃木雅一老师，从实地调研和数值模拟两方面对森林流域的水循环和水质进行研究。我今后也想参加铃木老师的关于森林流域的水循环和水质的更为整体性的研究。

附　録

マルチアングル RS を用いた植生パラメーターの逆推定

―中国河北省承徳地域をフィールドとして―

金 晟業

1. はじめに

　植生は地球の生態システムの基礎をなす因子だが，近年の地球環境の変動の影響により，状態が大きく変化している。そこで，広範囲の植生状態の時間変化のモニタリングが重要な研究課題となっている。

　衛星リモートセンシング（Remote Sensing，以下では RS）は，広域の植生を監視するための有効な手段である。しかし従来の衛星の観測角度は1つしかないため，地物情報の量が少なく，また大気や雲などの影響も大きい。そこで，1980年代からマルチアングル衛星による観測が増えている。マルチアングル観測は，図1に示すように異なる角度から地物の情報を得るものである。

　本研究では，POLDER（POLarization and Directionality of the Earth's Reflectances）マルチアングル衛星データを用い，米国 NASA による DART（Discrete Anisotropic Radiation Transfer）モデルで作成された Look Up Table（以下では LUT）を使用し，2005年11月から2006年10月まで，中国河北省承徳市にある 6 km^2 の地域の植生のパラメーターを逆推定した。なお，この地域はほとんど植生で覆われており，他の土地利用の影響はない。

2. 研究方法

　LUT は以下のように作成されている。DART モデルとよばれる放射輸送モデルに基づき，三次元空間の放射輸送プロセスを離散化し，セル間の放射輸送を分析する。それに基づき，太陽方向，植生の年齢，土地利用の種類を条件として，反射率と植生のパラメーターの間の関係を示す表を作る。

　本研究では，大気補正を行った POLDER レベル3データを利用した。図2に解析プロセスを示す。POLDER データの中から LUT の観測角度に最も近いデータ（1°以内）を選択し，共通する4バンド（490 nm，670 nm，865 nm，1020 nm）に対して，（1）式に基づき，最も近い反射率の LUT データを選択する。

$$R(r^*) = \min\left(\frac{1}{N_{\text{POL}}}\sum_{i=1}^{N_{\text{POL}}}\left(R_{\text{POL}}(r_1,r_2,r_3,r_4) - R_{\text{LUT}}(r_1',r_2',r_3',r_4')\right)^2\right) \quad (1)$$

ここで，R_{POL} は POLDER データの 4 つのバンドの反射率，R_{LUT} は対応する LUT の反射率，N_{POL} は POLDER データの数量である。選択した LUT データに応じて植生パラメーターの値を得る。

3. おもな結果と考察

選択した LUT の反射率を図 3 に示す。本研究では植生の 9 つのパラメーターを逆推定したが，最も重要な葉面積率（LAI）の推定結果を，図 4 に示す。また，LUT の観測角度を表 1 に示す。

図中の LAI 値の多くは 5 から 7 の間にあるが，2005 年の推定値のうち 5 つは 1 未満である。その原因として，観測角度の違いが考えられる。表 1 からわかるように，小さな LAI のデータは太陽との方位角差（Azi）が 180°に近づき，衛星はダークスポット（dark spot）に近くなっている。このため反射率の値が小さくなり，LAI の値を過少に推定している可能性がある。

以上が本研究のおもな結果である。これからわかるように，本研究はまだ不十分な段階にあり，以下に述べる課題の解決が必要である。1 つは，LUT データを選択する際の許容範囲を検討し，Azi が小さいデータの選択を考えることである。第二は，地上での検証データを増やし，観測対象ピクセルを増加し（現在は 1 ピクセル），安定した結果を得るようにすることである。

4. 日本での研究

近年，地球環境問題が深刻化しており，環境システム中の 1 つの重要な因子である植生を研究する必要がある。欧米では RS を利用する植生の調査が進んでいるが，アジアでは遅れている。一方，アジアの中で RS を用いる種々の研究が進められているのは日本である。そこで，筆者は日本において RS の利用技術を学び，アジア地域の植生に関するモデルを構築し，RS を用いた植生動態の調査を行っていきたいと考えている。

附　録

基于多角度 RS 的植被参数反演

—基于中国河北省承德地区的实地调研—

金晟業

1. 前言

植被是地球的生态系统的基础因素。但是，近年来由于地球环境变化的影响，植被的生长状况有了很大的改变。因此，宏观上的植被状态变化的监测成为了重要的课题。

卫星遥感（Remote Sensing，以下简称 RS）是监测植被宏观变化的有效手段。但是卫星的观察角度只有一个，获得的地理信息的量比较少。而且还会受到大气和云的影响。此后，1980 年代开始，基于多角度卫星的观测开始增加了。多角度卫星观测如图 1 所示，是一种可以从不同的角度获取地理情报的方法。

本研究利用了 POLDER（POLarization and Directionality of the Earth's Reflectances）的多角度卫星数据，以及美国 NASA 的 DART（Discrete Anistropic Radiation Transfer）模型作成的 Look Up Table（以下简称 LUT），对 2005 年 11 月到 2006 年 10 月，中国河北省承德市的 6 km^2 范围的植被的参数进行了反演。并且，该地区几乎都被植被覆盖，可排除其他类型的土地利用的影响。

2. 研究方法

LUT 是用以下方法来作成的。基于放射输送的 DART 模型，将三维空间的放射输送过程离散，然后分析单元间的放射输送。据此，以太阳的方向，植被的年龄，土地利用的种类作为条件，推算反射率和植被的各种参数之间的关系，制作成图表。

在本研究中，采用了对大气进行了补正的 POLDER Level 3 数据。解析过程如图 2 所示。POLDER 数据中选出与 LUT 的观测角度最接近的数据（1°以内），用共通的四个波段（490 nm，670 nm，865 nm，1020 nm），根据（1）式选择了反射率最接近的 LUT 数据。

$$R(r^*) = \min\left(\frac{1}{N_{\text{POL}}} \sum_{i=1}^{N_{\text{POL}}} \left(R_{\text{POL}}(r_1, r_2, r_3, r_4) - R_{\text{LUT}}(r_1', r_2', r_3', r_4') \right)^2 \right) \quad (1)$$

这里，R_{POL} 是 POLDER 数据中的四个波段的反射率，R_{LUT} 是相应的 LUT 的反射率，

N_{POL} 是 POLDER 数据的数量。对应选择了的 LUT 的数据，就可以得到植被的参数。

3. 主要结果和讨论

选择了的 LUT 的反射率如图 3 所示。本研究中对植物的九个参数进行了反演。最重要的是叶面积指数（LAI）如图 4 所示。LUT 的观测角度如表 1 所示。

图中的 LAI 的值大多数介于 5 和 7 之间，但是 2005 年的推定值中，有五个小于 1。原因可能是由观测角度不同引起的。从表 1 可以看出，小的 LAI 值，太阳的方位角差（Azi）接近 180°，卫星接近黑斑。因此反射率变小，LAI 的值也可能比实际值偏小。

以上为本研究的主要结果。可以看出，研究还很不充分，还有一些必须解决的问题。第一，选择 LUT 数据时，其选择范围还有待研究，可以选择 Azi 比较小的数据。第二，增加 ground truth 的数据，以及观测对象的像素（目前是 1 pixel），以获得稳定的结果。

4. 赴日后的研究

近年，地球环境问题越来越严峻，而环境系统中一个重要的环节就是植被的研究。欧美发达国家利用 RS 进行植被进行研究的技术已经很发达，但是亚洲国家中能很好地利用这个技术的只有日本。因此我希望在日本学习 RS 技术，对亚洲地区的植被进行模型构筑，调查植被的生长状态。

附　録

黄斑の障害についての研究

郭从容

1. はじめに

　筆者の専門は眼科学である。眼科学は，視覚器官の疾患の発生，症状，および診断方法，治療方法，予防方法などを研究する科学である。眼球の構造は，驚くほど精緻で複雑である。現在のところ，眼球前部の疾患についてはかなり解明されてきている。しかし眼球後部の疾患については，ほとんど解明されていない。私の研究対象は眼球後部の疾患である。修士課程在学中は，糖尿病黄斑浮腫の病理メカニズムと，その手術治療法について研究した。

2. 研究の背景と目的

　糖尿病黄斑浮腫は，糖尿病網膜症の中で最大の問題である。糖尿病によって，網膜の毛細血管（動脈と静脈の間をつなぐ細い血管）が，長期間，高血糖に曝されることにより損傷する。毛細血管が損傷すると，血液中の成分が網膜内に漏れ出て，網膜は水でふやける（浮腫が起こる）。黄斑は網膜の中心にあり，ものを見るために最も重要な部分である。その黄斑にむくみを生じた状態が糖尿病黄斑症であり，視力が極端に低下してしまう。この病因に基づいて選ばれた治療法がレーザー治療法である。しかし，臨床治療効果をみると，レーザー治療で黄斑浮腫が減退しなかったばかりでなく，はなはだしい場合は，黄斑浮腫が進行していく。このことは，黄斑浮腫の病因が毛細血管の障害だけでなく，他の原因があることも示唆している。黄斑に対する硝子体牽引が，その可能性の1つである。そこで筆者は，硝子体牽引が原因しているか否かを調べ，また手術治療の効果を評価することとした。

3. 方法

　10名の患者に対して，眼球に3つの穴をあけ，細い手術器具を挿入し，硝子体を取り除いた（切除した）。その後，以下の検査を行った。① 手術前と手術6ヵ月後に，視力，中心角30°の視野の光感度，およびP-VEP検査を行い，手術後に視機能が改善されているかどうかを確認した。② 手術前と手術6ヵ月後に蛍光眼底

血管撮影検査を行い，手術前後で浮腫の程度に変化があるかどうかを確認した。③免疫組織化学の方法に基づき，透過型電子顕微鏡で硝子体の標本の変化を測定した。

4. 結果

4.1 視機能の改善について

表1に検査結果を示す。なお，比較対照との差の統計的な有意さについては，t検定を用いてチェックしている。まず，視力検査の結果から，手術後6ヵ月には患者の視力が回復していることがわかる。また30°視野の光感度の値は，図1に示すように非常に改善されており，これも統計的に有意な差である。また，P-VEP検査から求められたP_{100}潜伏期は，手術後6ヵ月にはかなり短縮している。以上から，手術後には視機能が改善しているといえる。

4.2 浮腫の変化の程度

表2に検査結果を示す。手術後6ヵ月の浮腫の程度は，手術前と比べて軽減していることがわかる。

4.3 標本検査の結果について

正常な硝子体は無色透明の膠質であり，98％の水と2％の膠原とヒアルロン酸から構成されている。透過型電子顕微鏡を通して，繊維芽細胞，神経膠細胞，マクロファージ，膠原繊維などが見られた。これらの物質は，膠質として，黄斑の繊維を牽引する。

5. 結論

（1）糖尿病黄斑浮腫の患者は，黄斑への硝子体牽引があり，これが糖尿病黄斑浮腫の形成と進展における主要因である。

（2）繊維芽細胞，神経膠細胞，マクロファージ，膠原繊維などが牽引にかかわっている。

（3）手術によって硝子体を水で置き替え，黄斑の繊維を牽引する物質を除去することにより，黄斑浮腫の程度が軽減し，視機能が改善する。

6. 将来の研究

脈絡膜新生血管（CNV）は，多種の病因により形成されたCNV芽ブルッフ膜を通

して，網膜の色素上皮の上下で増殖し形成された繊維血管組織である。常に黄斑部網膜の下に滲出と出血を伴い，多種の眼底病を誘発するもので，視力喪失の根本原因ともいえる。CNVを主要な病理特徴とする加齢黄斑変性は，成人の社会的な失明の主要な原因である。CNVの発病メカニズムはまだ解明されておらず，有効な予防方法も治療方法もない。

しかし，発生初期において，ブルッフ膜の変化，基質金属プロテアーゼ（MMPs）の活性化，血管形成因子と抑制因子が現れることが確認されている。すなわち，形成因子と抑制因子の間のバランスの喪失が，血管形成の重要な要素であると考えられる。

VEGFは，今までに公認された機能の最も強い新生血管形成の促進因子である。多くの研究が，VEGFの抑制が新生血管の形成を著しく低下させることを示している。Angは，最も新しく発見された血管形成の促進因子である。PEDFは，つい最近発見された目の新生血管形成の抑制因子であり，最近発見された中で，最も有効な抑制剤であると考えられている。

CNV形成に関する血管形成の促進因子と抑制因子の多くは，作用メカニズムが未解明であり，これから研究しなければならない。そこで筆者は，医療技術の発達している日本において，京都大学の吉村先生のご指導の下で，PEDFとVEGFおよびAngの間の相互作用について学習し，CNVの発病メカニズムを検討し，さらにCNVに有効な治療方法を追及したいと考えている。

黄斑障碍的相关研究

郭从容

1. 前言

我的专业是眼科学。眼科学，是研究视觉器官的疾病发生，症状及诊断，治疗，预防方法等的相关科学。眼球的构造具有令人惊讶的精细和复杂程度。目前，对于眼球前部疾患的相关病理已逐步阐明。但对于眼球后部的疾患，几乎并未究明其机理。我的研究对象为眼球后部的疾患。硕士在读期间，对糖尿病黄斑浮肿的病理机制及其手术治疗方法进行了研究。

2. 研究背景和目的

糖尿病黄斑浮肿是糖尿病网膜病变最突出的问题。由于糖尿病，网膜的毛细血管（动脉和静脉间关联的细小血管）长期间置于高血糖环境而造成损伤。若毛细血管损伤，则会引起血液中的成分流漏到网膜内，造成网膜被水涨泡（产生浮肿）。黄斑位于网膜中心，是视觉能力最重要的部分。黄斑内产生浮肿的病状即为糖尿病黄斑症，造成视力极端下降。基于这个病理选择的治疗方法为激光治疗法。但是，从临床治疗效果来看，激光治疗不仅未能减退黄斑浮肿，更甚的情况下，会加重黄斑浮肿。该现象表明黄斑浮肿的病因不仅为毛细血管的障碍，且具有其它原因。玻璃体对黄斑牵引即为其可能性之一。因此我对玻璃体牵引是否作为病症原因进行研究，并评价了手术治疗效果。

3. 方法

以 10 名患者为对象，从眼球 3 个穴切开，插入微型手术用具，去除玻璃体（已切除）。此后，进行了以下检查。①手术前和手术 6 个月后视力，中心角 30°的视野光敏感度，以及进行 P-VEP 检测，确认了术后视觉能力是否改善。②手术前和术后 6 个月后进行眼底血管造影检查，确认了手术前后浮肿程度是否变化。③基于免疫组织化学方法，应用透射型电子显微镜测定了玻璃体标本的变化。

4. 结果

4.1 关于视觉机能的改善

表 1 所示为检查结果。并且，关于比较对照的统计学上的有意义差异，应用 t 检定确认。首先，从视力检查结果可知手术后 6 个月内患者的视力得到恢复。另外，30°的视野的光感度值如图 1 所示，得到大幅改善，表现出统计性差异。另外，从 P-VEP 检查得到的 P_{100} 潜伏期，手术后 6 个月内大幅缩短。基于以上分析，可以说术后视觉机能得到了改善。

4.2 浮肿的变化程度

表 2 所示为检查结果。可以看出手术后 6 个月的浮肿程度与术前相比有所减轻。

4.3 关于标本检查的结果

正常的玻璃体为无色透明胶质，由 98% 的水分和 2% 的胶原及玻璃酸构成。通

过透射性电子显微镜，可观察纤维细胞，神经胶细胞，白血球，胶原纤维等。这些物质作为胶质，牵引黄斑纤维。

5. 结论

(1) 糖尿病黄斑浮肿患者，具有玻璃体对黄斑的牵引，这是形成和加重糖尿病黄斑浮肿的主要原因。
(2) 纤维细胞，神经胶细胞，白血球，胶原纤维等与牵引相关。
(3) 通过手术，由水置换玻璃体，去除牵引黄斑纤维的物质以减轻黄斑发肿程度，改善视觉机能。

6. 将来的研究

脉络膜新生血管（CNV），是通过由多种病因形成的 CNV 芽 Bruch 膜，在网膜的色素上皮上下内增殖形成的纤维血管组织。通常并发黄斑部网膜下渗出和出血，诱发多重眼底疾病，可以说是视觉丧失的根本原因。CNV 为主要病理特征的加龄黄斑变性是成人社会性失明的主要原因。CNV 的发病机理还并未阐明，尚没有有效的预防和治疗方法。

但是，在发生初期，表现出的 Bruch 膜的变化，基质金属蛋白酶（MMPs）的活性化，血管形成及拟制因子已被确认。即，形成因子和拟制因子间平衡的丧失被认为是血管形成的重要要素。

VEGF 是目前公认的机能最强的形成新生血管的促进因子。较多研究指出，VEGF 的拟制作用显著减少新生血管的形成。Ang 是最新发现的血管形成的促进因子。PEDF 是最近发现的眼内新生血管形成的拟制因子，被认为是目前最有效的拟制剂。

CNV 相关血管形成的促进因子和拟制因子，大多作用机理未阐明，仍有待进一步研究。因此我希望到医疗技术发达的日本，在京都大学吉村老师的指导下，对 PEDF，VEGF 及 Ang 间的相互作用进行学习，研究 CNV 的发病机理，并进一步考察 CNV 的有效治疗方法。

Vinorlbineと放射線治療を併用する局部末期非小細胞肺がんの治療

朱宇熹

1. はじめに

筆者の専門は放射線治療である。放射線治療によって多くの腫瘍患者が治癒しているが，いくつかの問題もある。たとえば，ある種の腫瘍細胞は，放射線に対して感受性が低いため治療効果が少ない。また，心臓や脳などの重要な器官の近くにある腫瘍では，照射の分量が高すぎると器官自体を傷つけてしまう。本研究では，前者について検討している。

2. 研究背景と目的

細胞の放射感受性は，細胞の種類と再生周期によって異なる（図1）。腫瘍細胞の放射感受性が低い場合は，2つに大別される。1つは，腫瘍細胞の繁殖が遅い場合である。もう1つは，大きな腫瘍の深部細胞では酸素が少ないため，多くの腫瘍細胞が，再生周期（G0, G1, S, G2, M）の中の感受性が最も低いG0期にあるためである。

Vinorlbineという化学薬物を与えると，腫瘍細胞が細胞周期のM期に入ることができずに，細胞の繁殖が止まる。腫瘍細胞は，G2-M期に至るときに放射線に対して敏感だから，このときに放射線を照射し，伝染体を壊せば効果的である。そこで，本研究では，局部末期非小細胞肺がん患者の放射線治療において，Vinorlbineを併用した放射線治療の効果について，実験的に検討した。

3. 実験方法

細胞学の検査とCTの検査によって局部の末期（III期）非小細胞肺がんと診断された60名の患者を，ランダムに2つのグループに分けた（表1参照）。第1グループの患者は，放射線治療のみを受ける。第2グループの患者は，放射線治療を受けながら，Vinorlbineの投与も受ける。

放射線治療では，医学用の高エネルギー線形加速器を用い，毎週月曜日から金曜日まで，外照射を行った。照射の量は2 Gy/日（Gy: 照射量の単位），すなわち

10 Gy/週の治療指針に従った。照射範囲は，はじめは腫瘍と局部リンパ腺全体とし，照射量が 36 Gy に達してからは，脊髄を避けるように範囲を変更して照射を続けた。照射量が 50 Gy に達した時点で，腫瘍を直接照射するようにし，合計 60 Gy で終了した。放射線治療期間中に，第 2 グループの患者には，毎週月曜日と木曜日に Vinorlbine を 6 mg/m^3 で投与した。全部で 6 週間である。

治療開始前と照射量が 2 Gy に達した時点で，外周部分の血液を抽出し，その中に含まれる単核細胞の微核率（micronucleus rate）を検査した。外周部分の血液を，まず培養基で 3 日培養した。洗浄，遠心分離，染色などを行ったのち，顕微鏡で外周部分の血液の単核細胞微核率を計測した。照射量が 36 Gy に達した時点と照射終了時に，CT (computer tomography) 検査を行い，治療前のデータと比較し，腫瘍の緩和率を計算した。

3. 実験結果

実験結果を表 2 に示す。すべての患者の治療が順調であった。治療開始前の時点での微核率は，両方とも同じである。第 2 グループの全部緩和率と微核率は，第 1 グループより明らかに高かった（$P < 0.05$）。しかし，治療後の定期診断では，長期生存率の差異は明らかではなかった。

4. 結論

本実験において，照射量が 2 Gy に達した時点で，第 2 グループの微核率と緩和率が高まったことは，Vinorlbine が腫瘍細胞の放射線感受性を高めたことを明確に示している。ただし，腫瘍はさまざまの原因で形成されるので，長期生存率は多くの因子に規定される。そのため，この 2 つのグループでは，長期生存率に違いがない。したがって，腫瘍の放射感受性を高める研究をさらに継続することのほか，放射線治療を終了したあとで，さまざまの治療の研究が必要だと考えられる。

5. 日本で行う予定の研究

筆者は，腫瘍の放射線治療に関する研究で有名な京都大学付属病院に留学し，上述の研究課題に対して，分子レベルの研究を進める予定でいる。

腫瘍細胞は成長が速いため，腫瘍があると，血管からの栄養や酸素の供給が不足気味になる。特に血管から離れた腫瘍の細胞は，酸素の含量が正常の細胞より非常に低い。その結果として腫瘍の成長は遅いが，放射線治療の感受性も低い。また，

放射線治療後に再発する率も高い。

　京都大学の研究では、合成されたある種のタンパク質が、酸素の含量が少ない腫瘍の細胞と結合して、細胞が破壊されたと報告されている。しかも、このタンパク質は正常な細胞に対して悪い作用がない。このタンパク質を放射線治療とともに使用すれば、腫瘍の治療は大きく進歩するだろう。筆者は、この研究プロジェクトに是非参加したいと考えている。

并用 Vinorlbine 与放射线治疗的局部末期非小细胞肺癌的治疗

朱宇熹

1. 前言

　　本人的专业是放射线治疗。放射线治疗被用于不少肿瘤患者的治疗，但存在着一些问题。例如，某些肿瘤细胞对放射线不敏感，治疗效果小。而对于靠近心脏，大脑等重要器官的肿瘤，照射量太高的话会伤害到器官本身。在本研究中，对前者进行了探讨。

2. 研究背景与目的

　　细胞的放射敏感性因细胞的种类与再生周期而不同。肿瘤细胞的放射敏感性低的原因主要有两种：(1) 肿瘤细胞的繁殖慢；(2) 在大型肿瘤的内部，细胞因为缺少氧气，所以多数处于再生周期（G0, G1, SG2, M）中的敏感性最低的 G0 期。

　　给予名为 Vinorlbine 的化学药物后，肿瘤细胞无法进入细胞周期的 M 期，停止繁殖。因为肿瘤细胞处于 G2-M 期时对辐射敏感，所以此时用放射线照射的话可以有效的破坏染色体，所以，本研究通过实验探讨了局部末期非小细胞肺癌患者的放射线治疗中并用 Vinorlbine 的效果。

3. 试验方法

　　将通过细胞学检查和 CT 检查被确定为局部末期（III 期）非小细胞肺癌的 60 名患者随机分成两组。对第一组患者只进行放射线治疗。对第二组患者进行放射线治疗的同时，给予 Vinorlbine。

放射线治疗中，使用了医用高能量线形加速器，每周一到五进行了外照射。照射量为 2 Gy/ 日（Gy 是照射量的单位），即符合了 10 Gy/ 周的治疗规则。照射范围最初为肿瘤与局部淋巴腺全体。照射量达到 36 Gy 后，在尽量避免脊椎部位的情况下改变范围继续照射。照射量达到 50 Gy 后，开始直接照射肿瘤。总共照射了 60 Gy。放射线治疗期间，每周一与周四对第二组患者给予了 Vinorlbine 6 mg/m^3。疗程为 6 周。

在治疗开始前以及照射量达到 2 Gy 时，采取外围部分的血液，检查了其中的单核细胞的微核率（micronucleus rate）。首先用培养基培养外围部分血液 3 天。洗净，离心分离，染色后，用显微镜检查外围部分血液中单核细胞的微核率。照射量达到 36 Gy，以及照射结束后进行了 CT（computer tomography）检查，与治疗前的数据比较，计算了肿瘤的缓和率。

3. 实验结果

实验结果总结于表 2。所有患者的治疗都顺利。治疗开始前两组的微核率相同。第二组的全部缓和率和微核率均明显比第一组更高（$P < 0.05$）。

但是在治疗后的定期检查中，长期生存率的差异并不明显。

4. 结论

在本实验中，照射量达到 2 Gy 时，第二组的微核率和缓和率增高。表明 Vinorlbine 提高了肿瘤细胞对放射线的敏感性。但是，因为肿瘤的形成原因很多，长期生存率受到多种因子的影响。所以两组的长期生存率没有显著差异。所以，除了继续进行提高肿瘤放射感受性的研究以外，还需要在放射治疗结束后进行各种后续治疗的研究。

5. 在日本的研究计划

本人将在以肿瘤放射线治疗研究而著名的京都大学附属医院留学，针对上述的研究课题，在分子水平上进行研究。

因为肿瘤细胞的成长快，在有肿瘤的地方血管提供的营养与氧气不足。特别是在离血管比较远的肿瘤细胞中，氧含量明显低于正常细胞。因此，肿瘤成长慢，但对放射线治疗的敏感性也低。而且，放射治疗后复发的可能性也高。

京都大学的某项研究中提到，某种合成蛋白质可以与含氧量少的肿瘤细胞结合，并破坏细胞。而且，这种蛋白质对正常的细胞没有负作用。如果在放射线治疗的同时使用该蛋白质，肿瘤的治疗水平可能会大幅度提高。我非常希望能够参加该项目。

画像処理技術の向上とコンピューター視覚

方明

1. はじめに

　筆者の修士論文のテーマは，「自由空間におけるレーザー通信複合軸のAPTシステムのシミュレーション技術に関する研究」である。

　飛行船による宇宙探索においては，飛行軌道の制御や計測結果の転送にレーザー通信が用いられる。レーザー通信装置では，レーザーの白斑を認識して追尾する「複合軸APTシステム」が重要な役割を果たす。そこで本研究では，このシステムのシミュレーション過程について実験的に検討した。

2. 実験方法

　通信装置の模型を作成し，レーザー白斑の認識，追跡，および通信制御技術について，以下の3つの点を検討した。

2.1 画像信号の取り込み

　双キャッシュ・メモリーの技術を利用し，高速デジタルカメラから，双方向オンライン・チャンネルで，1フレームごとに画像データを取り込むようにシステムを制御する。画像処理とシステム制御に要する時間をできるだけ短くするよう工夫した。

2.2 レーザー白斑の追跡方法

　レーザー白斑の位置の検出時間を短縮するために，存在する大体の位置を予測し，検索窓を設定する。本研究では，時間的に連続する2つの画像に現れているレーザー白斑の位置を外挿したのち，その地点の周りに矩形の検査領域を設定した。検査領域が小さいほど計算時間は短くなるが，小さすぎると正しい結果が得られなくなる。そこで，最適な検査領域の大きさを調べた。

2.3　レーザー白斑の同定

上記の方法を実現するには，画像上でレーザー白斑の位置を精度よく同定する必要がある。レーザー光は，その伝送の過程で，大気の透過度や温度などの影響により輪郭が明確でなくなる。そこで，本研究では，フィルターを通して雑音を除去したのち，白斑の重心位置を計算した。フィルターとして，閾（しきい）値を固定する方式と可変とする方式を採用した。後者においては，1段階前の画像で作成された輝度のヒストグラムを参照して，閾値を定める（図1参照）。

上の図のように，画像全体の輝度値に鞍部が存在する場合，その最小の位置（図中のT）を閾値とする。

3. 実験結果

フィルターの閾値を固定した方法では，X, Y 方向ともに激励源の振幅が 7.5 mrad，励起周波数が 0.1 Hz の条件において，重心位置の計算誤差を X 方向 2.5 μrad，Y 方向 2.7 μrad 以下に抑えることに成功した（X, Y: 方位角，俯仰角）。励起周波数を少しずつ増加し，1 Hz に達した時点で，重心位置の計算誤差を X 方向，Y 方向とも 50 μrad 以下に抑えることに成功した。しかし，閾値を可変とする方法では，通信の最低条件（重心位置の誤差 3 μrad 以内）を達成できなかった。

4. 結論

フィルターの閾値を可変とする方法では，通信過程の環境条件が白斑エネルギーに及ぼす影響を抑えることができたものの，処理時間に影響が出た。閾値を固定する方法で得られた白斑の重心位置の計算精度は，宇宙空間におけるレーザー通信の理論的条件を満足していた。しかし，実験場所および実験時間の制約のために，大気流動の影響を検討するには至らなかった。今後，さらに計算の効率を高め，安定でかつ精度の高いシステムを実現することが必要とされる。

5. 日本における研究

筆者は，今まで，一貫してコンピューター画像処理の応用技術について研究を行ってきた。画像処理には初級，中級，高級の3つのレベルがある。初級の画像処理は，画像を入力および出力するだけである。中級の画像処理は，入力した画像の特徴を抽出して出力する。高級の画像処理は，さらに画像のもつ意味を解釈する。上述の修士論文は，中級レベルに相当する。

日本において，筆者は，高級な画像処理の典型である「コンピューター視覚」の研究を行う予定でいる。なかでも，三次元の対象物体の形状特性を高速に認識し，ロボット制御に応用する研究を行いたいと考えている。コンピューター視覚とは，高度の画像処理技術を用いて，人間の視覚と同様に，環境から必要な情報を即座に抽出して利用する技術のことである。たとえば，銀行の中に設置されたカメラを通して画像情報を取得し，人々の動きを監視して犯罪を未然に防ぐなどである。それ以外に，工場における自動作業などにも広く利用されている。コンピューター視覚をロボットに組み込むことができれば，人間と同じように動作するロボットを造ることができるだろう。

日本における筆者の研究テーマは，おもに2つの項目からなる。第1の項目は，対象の三次元的位置を認識する方法についてである。ロボットが動くことにより，ロボットが保持するカメラの座標系と対象物の座標系の関係が常に変化しているため，対象物の位置の判断が非常にむずかしくなる。この問題を解決するには，①カメラ座標系とロボット座標系の関係，②対象物の動作経路の予測，③カメラと対象物の三次元的相対位置，を即座に計算できなければならない。

第2の項目は，対象物の三次元的特徴を抽出することである。ロボットの仕事環境が複雑な場合，画像から物体像を抽出する際に環境光の影響を受けやすい。そこで，①対象物を背景から高速かつ正確に抽出すること，②その特徴をすみやかに認識すること，が必要とされる。

筆者が修士論文で行った研究に比べて，解決すべき問題が多く，またそれぞれが複雑である。そこで筆者は，寝る間も惜しんで研究に励むつもりでいる。

图像处理技术的提高和计算机视觉

方明

1. 前言

　　本人的修士论文内容为"自由空间的激光通信复合轴的 APT 系统的数值模拟技术研究"。

　　如果运用宇宙飞船对宇宙进行探索，在飞行轨道的制导与观测成果的传输时，会使用激光通信。激光通信装置中，识别并追踪激光白斑的"复合轴 APT 系统"会起到

重要的作用。所以在本研究中，实验性地对该系统的数值模拟过程进行了探讨。

2. 实验方法

制作了通信装置的模型，对激光白斑的识别，追踪以及通信制导技术，从以下 3 方面进行了探讨。

2.1 图像信号的输入

通过系统的制导，使用双 cache memory 技术，从高速数码相机，通过双向 on-line channel，读取每一张图像数据。通过改进技术，使得图像处理和系统制导所需的时间尽量缩短。

2.2 激光白斑的追踪方法

为缩短激光白斑位置的检出时间，先预测大概的位置，再设定检测窗。本研究中，对时间上连续 2 幅出现激光白斑的图像中白斑位置进行外插后，在该地点周围设定矩形检查领域。检测领域越小计算时间越短，但是过小则得不到正确的结果。于是，调查了最佳的检查领域大小。

2.3 激光白斑的识别

为了实现上述的方法，需要在图像中精确地识别激光白斑的位置。激光在其传输过程中，会因为大气的透明度与温度等影响，轮廓变得不明确。于是在本研究中，通过过滤器去除噪声之后，计算了白斑的重心位置。作为过滤器，采用了阈值固定的方式与可变的方式。对于后者，参照前一个步骤中制作的图像亮度的柱状图设定了阈值。

如上图所示，图像全体的亮度值中存在凹处时，以其最小值的位置（图中的 T）作为阈值。

3. 实验结果

固定过滤器阈值的方法，是在 X, Y 方向的振幅（激励源的）同为 7.5 mrad，激励频率为 0.1 Hz 的条件下，成功地将重心位置的计算误差控制在 X 方向 2.5 μrad，Y 方向 2.7 μrad 以下（X, Y：方向，俯视）。渐渐增加激励频率至 1 Hz 时，成功地将重心位置的计算误差在 X 方向和 Y 方向都控制在 50 μrad 以下。但是在阈值可变的方法中，没有达到通信的最低条件（重心位置的误差：3 μrad 以内）

4. 结论

在阈值可变的方法中,虽然能够抑制通信过程中环境条件对白斑能量产生的影响,但是影响了处理时间。用阈值固定的方法得到的白斑重心位置的计算精度满足了宇宙空间中激光通信的理论条件。但是,由于实验场所以及实验时间的制约,没有探讨大气流动的影响。今后,需要进一步提高计算效率,开发稳定且高精度的系统。

5. 在日本的研究

本人至今为止一直都在研究计算机图像处理的应用技术。图像处理有初级,中级,高级3个等级。在初级图像处理中,只是输入和输出图像。在中级的图像处理中,需要抽取输入图像的特征并输出。高级图像处理中,还需要解析图像带有的信息。上述论文相当于中级。

在日本,本人准备预定研究高级图像处理的典型"计算机视觉"。并希望研究其中的三维对象物体形状特征的高速认知,及其在机器人控制方面的应用。所谓的计算机视觉,是运用先进的图像处理技术,如同人的视觉一样,从环境中立即提取必要的信息并运用的技术。例如,通过设置在银行内的摄像机取得图像信息,监视人的动作,防范犯罪于未然等。另外,在工厂的自动化作业中也被广泛利用。如果能够将计算机视觉加载给机器人的话,应该能够制造出与人类一样行动的机器人。

本人在日本的研究课题主要有两个项目。第一项是关于对象的三次元位置的认知方法。机器人运动时,机器人的摄像机的坐标系与对象物的坐标系的位置关系不断变化,所以很难判断物体的位置。解决这个问题需要在短时间内计算:(1)摄像机坐标系与机器人坐标系的关系;(2)对象物体的动作路径的预测;(3)摄像机与对象物体的三维相对位置。

第二项是,对象物三维特征的抽取。在机器人工作环境复杂的情况下,从图像中抽出对象体物体时容易受到环境中光的影响。所以必须:(1)将对象物体从背景中高速且准确的抽出;(2)及时识别其特征。

与我硕士论文进行的研究相比,需要解决的问题很多,且每一个都很复杂。于是我想废寝忘食地进行研究。

附　録

粒計算の理論とホームページの分類

李海博

1. はじめに

　筆者はデータマイニングに関する研究を行っている。データマイニングとは，大量の比較的無秩序のデータの中から価値ある情報を発掘するもので，その数学的手法にはいろいろのものがある。たとえば，ファジー集合論（fuzzy sets）に基づく手法，ラフ集合論（rough sets）に基づく手法などである。

　筆者の修士論文は，「汎系理論に基づいたラフ集合論と粒計算理論の研究」という理論的研究である。具体的には，汎系理論（pansystems）に基づいて，理論と計算方法の両面から，ラフ集合論と粒計算の理論について考察した。日本では，実社会で役だつ応用的研究に発展させたいと考えている。

2. ラフ集合理論と粒計算

　ラフ集合論は，不完備で不確定なデータから情報を発掘するための１つの理論である。ラフ理論では，「方策表（decision table）」が重要な役割を果たす。一方，粒計算は，共通点のある情報を「情報粒」という単位でグループ化し，情報粒の構成する空間の間の相互変換により，情報を機能的に取り扱う理論である。また，筆者の修士論文の題目にある汎系理論とは，広い意味でのシステム関係から，実在現象の機構を研究する理論である。

　図１の左端は，方策表を模式的に示すものである。A，B，Cは条件属性，Dは方策決定の属性である。属性Aを削除すると，方策を決定するルール集１を得る。また属性Cを削除すると，ルール集２を得る。図の右端は，属性Aを使って得られた粒度空間を表している。u_1，u_5，u_6，u_8の属性Aの値は同じであるから，これらは同じ情報粒を形成している。異なる属性を使えば，異なる粒度空間が形成される。

3. 修士課程での研究のおもな成果

　筆者の研究は数学的理論に関するものであるから，その内容を２ページで具体

的に示すことはむずかしい。そこで，おもな研究成果を列挙する。

（1）粒計算の理論と汎系理論の相違点に留意し，方策表の簡略な計算法を提出した。この計算方法は次のようなものである。まず核となる属性を用いて，論域を区別する粒度（粒の大きさ）を確定する。粒度が十分でない場合は，必要な部分でさらに"大きな"粒を採用する。粒度がすでに十分な部分では，粒の大きさはそのままとする。一方，"大きさ"が足りない場合は，属性を添加する。また，各段階での属性の添加は，方策表の該当する一部分で行うので，簡略化の効率をそれほど損なわない。

（2）汎系理論の演算子と，ラフ集合論における粒計算の拡張モデルとを結合し，ラフ集合論の方法を二元関係の上で一般化することにより，ラフ集合論の応用範囲を拡大した。また，ラフ集合論の粒計算拡張モデル自身が有している代数構造から，一般的な"階層"構造を備えた代数式を形成することができた。

（3）汎系理論の異同観の観点から，方策表の属性の簡略化を研究し，一般的な結論を導いた。その結果，方策表の属性の簡略化を行い，また，計算方法を改善することができた。改善された計算方法は，方策ルールの数が少ない簡明な結果を探すことができ，それによって，最後に得るルールの表現が簡単になる。

（4）汎系理論の複合演算子と pan-weigh などの概念に基づき，ラフ集合論のいくつかの基本概念を更新した。加えて，汎系複合理論により調和的な方策表（対立がない方策表）の属性を簡略化する計算方法を導き，またその過程をある程度簡単に表現した。汎系複合理論の演算を取り入れたことにより，集合間に含まれる関係を通さずに，ルールの協調性を確定することができることを示した。同時に，近似計算をしなくても属性の簡略化が可能か否かを確認できることを示した。

4. 日本での研究

日本での筆者の指導教官は，東京大学の石塚満教授である。石塚先生は人工知能の分野を専攻し，おもに Web を対象にして，情報空間を人間にわかりやすくするための研究をしている。インターネット技術の普及によって，いろいろな情報が非常に簡単に取得できるようになった。インターネットは全世界で相互に連絡しているので，その中から得られるデータは膨大である。したがって，この世界最大のデータ集合の中から，いかに有用な情報を発見するかが，非常に重要な課題の1つとなっている。

2006年3月31日時点で，インターネット上には 80,655,993 個のウェブサイ

トがあり，個々のホームページに至っては数えきれない。これらのホームページを上手に分類することができるならば，私達は情報をすばやく正確に探すことができるだろう。しかし従来の統計的な方法では，分類結果と内容が一致しないことがよくある。

石塚研究室では，ホームページの内容を"意味的に理解"し，それに基づきホームページを分類したうえで，その中から人間に関するキーワードを抽出するという研究を行っており，筆者はこの研究に参加する予定である。意味的理解に基づくキーワードが提示されていれば，検索の速度と精度は飛躍的に向上するだろう。

ホームページはテキスト，ピクチャー，ハイパーリンクなどのいろいろな形態の情報を含んでおり，それらの意味づけは簡単でない。とくに，テキストと画像の理解は容易でない。人間が言語や画像を理解する仕組みが十分解明されていないためである。しかし筆者は，たとえば語義ネットのモデルを使って，テキストの意味づけをできるのではないかと考えている。最終的には，多次元の知識モデルを用いて，ホームページの内容の意味づけを行おうと考えている。

粒计算的理论与 homepage 的分类粒计算

李海博

1. 前言

本人研究专业是数据挖掘。所谓数据挖掘，就是从大量的比较无秩序的数据中发掘有价值的情报，其数学方法各式各样。例如基于模糊集（Fuzzy Sets）理论的手法和基于粗糙集（Rough Sets）理论的手法等。

本人的硕士论文名为"基于泛系理论的粗糙集合论和粒计算理论的研究"，是理论性的研究。具体来说，是在基于泛系理论（Pansystems）的基础上，从理论与计算方法的两方面，考察了粗糙集理论和粒计算理论。希望在日本将其发展成对实际社会中有用的应用性研究。

2. 粗糙集理论和粒计算的理论

粗糙集理论是一种从不完备且不确定的数据中发掘情报的理论。粗糙理论中"决策表（Decision Table）"起到重要的作用。另一方面，粒计算是一种将具有共同点的

情报按照"情报粒"的单位分组，通过情报粒构成的空间之间的相互变换，有机地处理情报的理论。另外，本人的硕士论文题目中的泛系理论是指从广义的系统关系研究实际现象的机理的理论。

图1的左边模式化地表示了决策表。A，B，C是条件属性，D是方案决策的属性。删除属性A，便能得到决定方案的规则集1。而删除属性C的话，得到规则集2。图的右边表示利用属性A得到的粒度空间。u_1，u_5，u_6，u_8的属性A的值相同，所以这些构成了相同的情报粒。使用不同的属性则可以形成不同的粒度空间。

3. 硕士课程研究的主要成果

因为本人的研究是有关数学理论的，很难用2页纸具体的说明。于是，列举了主要的研究成果：

（1）着眼于粒计算理论与泛系理论的不同点，提出了决策表的简略计算方法。该计算方法的说明如下：首先运用核心属性，确定划分论域的粒度（粒的大小）。粒度不够的话，在必要的部分采用更"大"的粒。在粒度足够的部分保留粒的大小。另一方面，"大小"不够的时候添加属性。另外，各个步骤属性的添加在决策表对应的部分进行，所以不会过度降低简略化的效果。

（2）结合了泛系理论的演算子与粗糙集理论的粒计算的派生模型，将粗糙集合论的方法在二元关系上一般化，扩大了粗糙集合论的应用范围。另外，从粗糙集合论的粒计算派生模型自身带有的代数构造，制造了一般的具备"阶层"构造的代数式。

（3）从泛系理论异同观的观点，研究了决策表属性的简略化，导出了一般的结论。结果进行了决策表的属性的简化，并改善了其计算方法。改善后的计算方法可以找出决策规则少而简明的结果。因此最后得到的规则的表现变简单了。

（4）基于泛系理论的复合演算子和泛权等概念，更新了粗糙集理论的几个基本概念。另外，通过泛系复合理论引导了简化协调的决策表（没有对立的决策表）的属性的计算方法，并且，在一定程度上简明地表现了其过程。表明了通过结合泛系复合理论，可以不通过集间的关系，直接确定规则的协调性。同时，也表明了不进行近似计算也能够确认能否简化属性。

4. 在日本的研究

本人的指导教官是东京大学的石塚满教授。石塚老师的专业是人工智能，主要以网络为对象，研究如何使得情报空间更容易理解。通过因特网技术的普及，可以非常简单地取得各种信息。因为因特网与全世界相互连接，能够从中得到的信息量庞大。

所以，如何从这个世界上最大的数据集合中发现有用的信息这个问题，成为了非常重要的课题。

截至 2006 年 3 月 31 日，因特网上已有 80,655,993 个网站，有多少个主页则无法计算。如果能够很好地将这些主页分类的话，我们可以迅速准确地找到情报。但是，运用既往的统计方法，分类结果与内容不一致的情况不少。

在石塚老师的研究室，进行着先"从意思上理解"主页的内容，基于此分类主页，并从中提取与人有关的关键字的研究。本人预定参与该研究。如果能够提出基于意思理解的关键词，那么搜索的速度与精度将飞跃性地提高。

主页包含了文本，图片，超链接等各种形态的信息，对其赋予意义并不简单。尤其是文本和图像的理解并不容易。因为人类理解语言与图像的机理不是十分明确。但是我认为例如可以使用语义网络的模型，就可以赋予文本意义。最终，我想运用多次元的知识模型对主页的内容赋予意义。

揚子江汽水域の流れの数値シミュレーション

東京工業大学　王張嶠

1. はじめに

揚子江汽水域の平面地形を図1に示す。同水域には毎年約 5×10^8 トンの細粒土砂が流下し，そのうち約70％は6〜9月の洪水期に集中している[1]。この大量の土砂供給のために，揚子江デルタは約 20 m/年の速度で東に伸び[2]，また下流部の主流は最近500年に北派川から南派川に移行した。南派川の河道は非常に広いが浅く，たくさんの砂州があり，澪（みお）は分岐し蛇行している。水深幅比（H/B）は0.0005〜0.001である。

揚子江沿岸は経済発展が著しく，汽水域の水上交通は活発である。このため，"深水航道工程"とよばれる新航路建設のプロジェクトが計画されている。また，この地域の水需要の増加に対応するため，汽水域内に"青草砂貯水池"という淡水貯留域の建設が計画されている。このようなプロジェクトの実行可能性の検討と合理的設計を行うために，汽水域における土砂堆積と地形変動を定量的に把握することが望まれている[3,4]。

中国東海岸では半日周潮汐が支配的であり，大潮の潮位差は 2.7 m に及ぶ。一方，

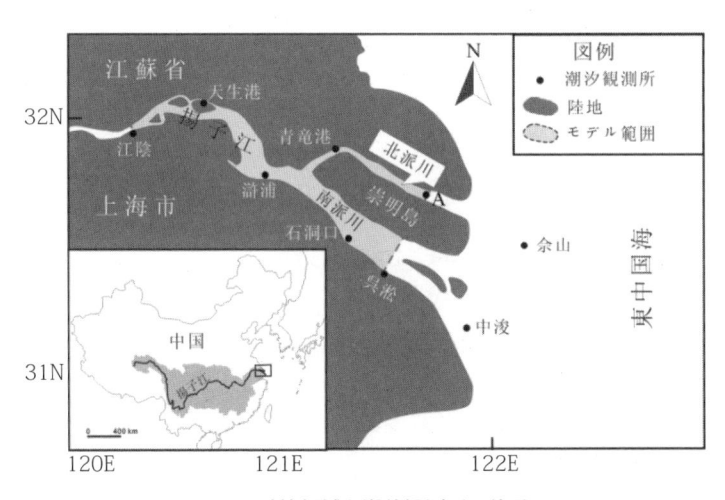

図1　計算領域と潮位観測所の位置

附　　録

揚子江の縦断勾配は非常に小さいため，洪水期においても河口から 160 km 上流の江陰観測所まで潮汐波が伝播する。その結果，流れの非定常性が強く，土砂移動とそれに伴う地形変化は非常に複雑で[2,5]，その実態は必ずしも明らかでない。そこで本研究では，揚子江汽水域の地形変化特性を調べる基礎的段階として，数値シミュレーションにより潮汐作用のもとでの流況を解析し，考察した。

2. 計算方法

2.1 計算対象区間および計算期間

計算期間は 2003 年 7 月 15 ～ 16 日の 1 日半とした。この期間の流量は，図 2 に示すように洪水期の平均的流量であった。計算区間は，江陰観測所から河口近くの呉淞観測所までの約 145 km である。河道地形は，一連の揚子江航路図をデジタル化して作成した。

境界条件は上流端の流速と下流端の水位だが，揚子江汽水域は幅が非常に広いので，これらの横断変化が計算結果に影響を与える可能性がある。しかし，それらについての詳細な情報はない。そこで，異なる境界条件を仮定して計算を行い，その感度分析を行ったうえで，影響を受けない区間における流れ場の特性と土砂移動を議論した。

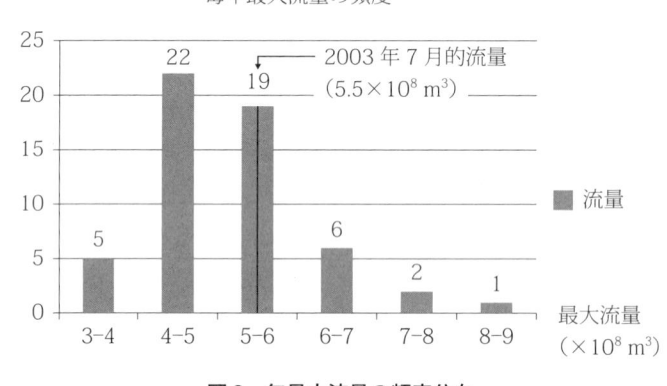

毎年最大流量の頻度

[Bar chart: x-axis 最大流量 ($\times 10^8$ m^3) with bins 3-4, 4-5, 5-6, 6-7, 7-8, 8-9 and values 5, 22, 19, 6, 2, 1; arrow indicating 2003 年 7 月的流量 (5.5×10^8 m^3); legend 流量]

図 2　年最大流量の頻度分布

2.2 計算モデル

揚子江汽水域では干満差が大きいため，淡塩水の混合は強混合型に属する。このため密度成層の影響は小さいものと考えられる。そこで本研究では，吉田・石川[6]

の，二次流を考慮した浅水流方程式に基づく，準三次元流動シミュレーションモデルを用いた。デカルト座標系における三次元の運動方程式にGalerekin法を適用して鉛直積分すると，以下の準三次元モデル方程式が得られる。

$$\frac{\partial h}{\partial t}+\frac{\partial M}{\partial x}+\frac{\partial N}{\partial y}=0 \tag{1}$$

$$\frac{\partial M}{\partial t}+\frac{\partial (MU)}{\partial x}+\frac{\partial (MV)}{\partial y}+\gamma\frac{\partial (mu')}{\partial x}+\gamma\frac{\partial (mv')}{\partial y}=-g\frac{\partial H}{\partial x}+\gamma\frac{\tau_{bx}}{\rho}+\frac{\partial h\tau_{uu}}{\partial x}+\frac{\partial h\tau_{uv}}{\partial y} \tag{2}$$

$$\frac{\partial N}{\partial t}+\frac{\partial (NU)}{\partial x}+\frac{\partial (NV)}{\partial y}+\gamma\frac{\partial (nu')}{\partial x}+\gamma\frac{\partial (nv')}{\partial y}=-g\frac{\partial H}{\partial y}+\gamma\frac{\tau_{by}}{\rho}+\frac{\partial h\tau_{uv}}{\partial x}+\frac{\partial h\tau_{vv}}{\partial y} \tag{3}$$

$$\frac{\partial m}{\partial t}+\frac{\partial (mU)}{\partial x}+\frac{\partial (mV)}{\partial y}+\frac{\partial (Mu')}{\partial x}+\frac{\partial (Mv')}{\partial y}=\frac{1}{\gamma}\left(\tau_{f,u}+g_u+\frac{\partial h\tau_{f,uu}}{\partial x}+\frac{\partial h\tau_{f,uv}}{\partial y}\right) \tag{4}$$

$$\frac{\partial n}{\partial t}+\frac{\partial (nU)}{\partial x}+\frac{\partial (nV)}{\partial y}+\frac{\partial (Nu')}{\partial x}+\frac{\partial (Nv')}{\partial y}=\frac{1}{\gamma}\left(\tau_{f,v}+g_v+\frac{\partial h\tau_{f,uv}}{\partial x}+\frac{\partial h\tau_{f,vv}}{\partial y}\right) \tag{5}$$

ここに，h は水深，H は水位，$(M,N)=(Uh,Vh)$，$(m,n)=(u'h,v'h)$ で，(U,V) は鉛直平均流速，(u',v') は二次流強度である。吉田・石川は二次流鉛直分布を線形関数で近似しており，その場合には $\gamma=1/12$ である。また，ρ は流体の密度，τ_{bx} は底面せん断応力であり，τ_{uv} および $\tau_{f,uv}$ は平均流とその偏差成分に対して水深平均を施したレイノルズ応力を表す。吉田らは，境界適合座標系にサポートされた局所的な円筒座標系にCIP-Soroban法を適用し，任意の曲線的な河川の流れに適用できるスキームを開発している[7]。詳細は参考文献を参照されたい。

上流端（江陰）では水位は観測されているが，流量は観測されていない。一方，潮汐波は江陰まで遡上するので，そこでの流量は変動する。そこで趙らの揚子江一次元不定流モデル[8]を用いて，江陰から流量観測が行われている大通（江陰から480 km上流）までの潮汐波の伝播を計算し，江陰のハイドログラフを求めた。

計算下流端は，図1に示す呉淞と北水路のA点である。呉淞では水位が観測されているが，A点の水位は不明である。そこで潮汐波の伝播を考えて，青竜港と佘山の潮位観測所の観測水位を内挿してA点の水位を推定した。

予備計算でManningの粗度係数 n を検討した。計算区間には呉淞と江陰の他に3ヵ所の水位観測所がある（天生港，潲浦，石洞口）。そこで，前述の一次元不定流計算で求めた流量をもとに，暫定的に上流端流速分布を均一とし，また下流端水位を横断方向に一定として，粗度係数を種々仮定して計算を行ったところ，図3に示すように，$n=0.024$ で各観測所の値とよい一致をみた。

附　録

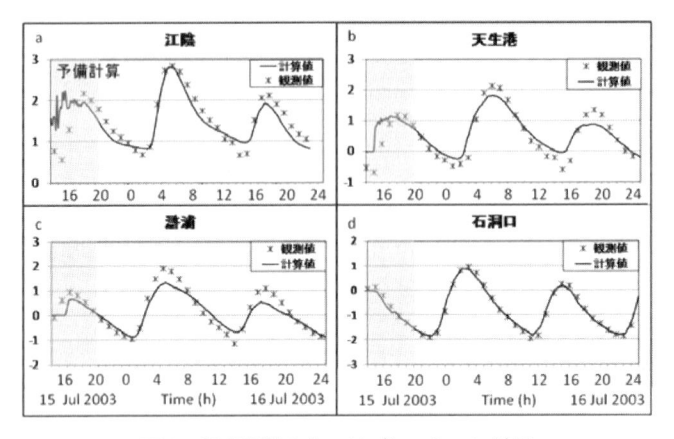

図3　粗度係数のキャリブレーション結果

3. 境界条件の影響の検討

前述したように，本計算では，上流端（江陰）の流速分布と下流端（呉淞）の水位分布を境界条件として与える必要がある。しかしそれらについての詳細な情報はない。そこで，境界条件の与え方を以下のように複数設定し，この不確定要素の影響範囲を調べた。

前述したように，江陰における流入量の波形は一次元解析から求められている。そこで，この流量波形のもとで2つの方法で流速横断分布を設定し，両者の計算結果の比較から上流境界条件の影響範囲を推定した。1つの方法は，Manning式 $U = (1/n) h^{2/3} I^{1/2}$ を用いて，単位幅あたり流量 q を $h^{5/3}$ に比例させる方法，もう1つは，q が横断方向に一定とするものである。2つの計算結果の差は式 (6) で定義される指標 IE で評価した。

$$IE = \sum_{i=1}^{N} \left(\sum_{t=1}^{T} \frac{(u_{1i}^t - u_{2i}^t)^2 + (v_{1i}^t - v_{2i}^t)^2}{T} \right) \bigg/ \sum_{i=1}^{N} \left(\left(\frac{\sum_{t=1}^{T} u_{1i}^t}{T}\right)^2 + \left(\frac{\sum_{t=1}^{T} v_{1i}^t}{T}\right)^2 \right)$$

(6)

ここに (u_{1i}^t, v_{1i}^t) と (u_{2i}^t, v_{2i}^t) は，2つの計算結果における時刻 t での断面内の第 i 格子点の流速ベクトルで，T は潮汐の周期である。

江陰から呉淞までの IE の縦断分布を図4aに示す。この図より，上流境界における流量の横断偏差の影響は，江陰から20 kmの区間内に限られていることがわかる。

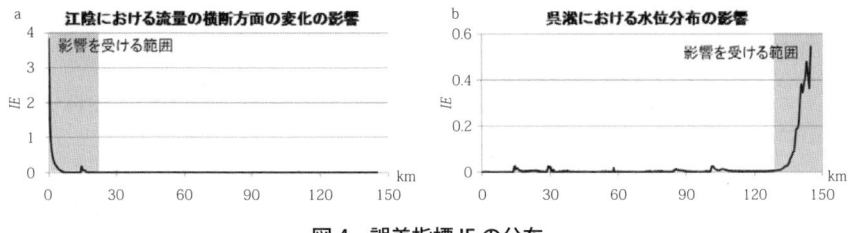

図4　誤差指標 IE の分布

次に下流端断面（呉淞）における水位横断分布の影響について調べた。河口のすぐ外にある佘山と中浚（図1）の潮位観測データから外海での水位勾配を求め，その代表値を与えて計算を行った結果と，水位が横断方向に水平であると仮定して計算を行った結果から，(6)式による IE の縦断分布を求めた（図 4b）。その結果，水位の仮定の影響は呉淞から 20 km 上流までしか及ばないことがわかった。

以上より，上下流の各 20 km を除く 110 km の区間の数値シミュレーション結果は，境界条件の影響をほとんど受けていないことが明らかとなった。そこで次節では，この 110 km 区間での流れ特性について考察する。

4. 計算結果

4.1　非定常流況

解析結果から1潮汐間の流速ベクトルの変動を求め，非定常特性を検討した結果を，7地点について図5に示す。図中の濃淡は下げ潮の時間帯における最大底面速度（u_b）を示している。u_b の大きい部分は澪に相当する。図中に付した矩形については後述する。澪では上げ潮と下げ潮でちょうど逆向きの流向となり，その間もおおむね単振動的挙動を示している。一方，砂州に対応する最大流速の小さな領域（図中の比較的濃い部分）では，1潮汐の間に流向が大きく変動し，ベクトル先端が楕円上になっている。これらの地点では，澪から離れる流向の時間帯が長いので，澪を中心に流下する細粒土砂が砂州方向に輸送される可能性のあることを示唆している。

次に u_b の空間分布に着目すると，矩形で囲った4地点で大きな値をとり，それらは 20～22 km の等間隔に位置していることがわかる。また4ヵ所のすべてにおいて，横に大きな砂州が存在する。したがって，このような流れの周期性は，砂州地形の周期的発達と密接に連動しているものと考えられる。

図5 流速の回転性と最大底面流速（u_b）分布

4.2 非定常流況下での土砂移動

河床を構成する土砂の移動は，引き潮時の浮上と満潮の滞留時の沈降の繰り返しからなる。一方，掃流力は底面流速 u_b の単調増加関数と考えられるから，図5の濃淡で示される u_b の大きな領域から浮上する割合が大きいと考えられる。そこで，計算された非定常流速場において，引き潮時に当該区域の澪に中立トレーサーを入れ，満潮時までの移流拡散状況を計算した。その結果を図6a〜cに示す。

この図から，u_b の大きな澪から浮上した細粒土砂は，下流側の矩形領域にちょうど達したところで沈澱する傾向のあることが推測される。その場合，拡散効果により砂州上にも沈澱する。このことから，図5に示した空間的な周期性は，本研

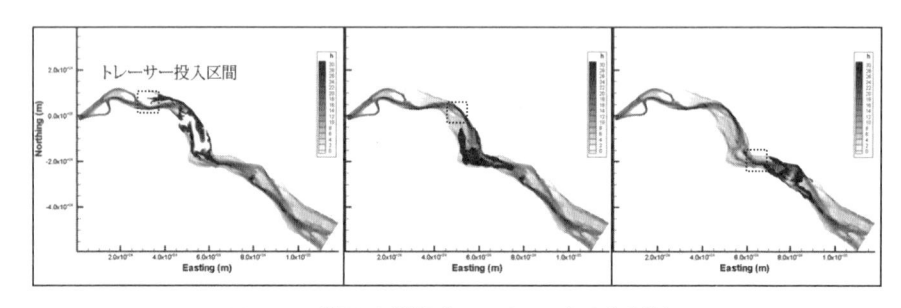

図6 下げ潮から満潮時にかけての土砂移動状況

究で検討した平均的な洪水時の最大流量のもとで形成されているのではないかと考えられる。

5. おわりに

本研究では，平均的な洪水期の最大流量時における揚子江汽水域の流況を，準三次元流動モデルを用いて検討した。その結果，以下の知見を得た。
・数値シミュレーションの境界条件として必要な上流側の流速横断分布および下流側の水位横断分布は不確定だが，それらが計算結果に及ぼす影響は，それぞれ20 km の範囲に収まっていると推定できる。したがって，残りの 110 km の区間についての計算結果は信頼できる。
・潮汐作用のもとで発生する非定常流は，澪では単純な往復流に近いが，砂州の部分では流向が横断方向にも変化し楕円的性状を示す。この運動のために，澪から砂州に向けて土砂が移動し堆積し，地形の深浅が増大している可能性がある。
・掃流力の大きな区間は 20 ～ 22 km のほぼ等間隔に位置しており，そこで洗掘された土砂は，下流側の掃流力が大きい澪の横の砂州上に堆積している可能性がある。

长江下游感潮区流场的数值模拟

东京工业大学　王张峤

1. 序言

长江感潮区的位置如图 1 所示。该区域每年约流入 5×10^8 吨细颗粒泥沙，其中约 70% 集中在 6 月-9 月的洪季。正因为有如此大量的泥沙供给，长江三角洲以每年 20 m 的速度向东延伸。近 500 年来，主航道由北支转为南支。南支河道非常宽浅，存在大量沙洲，主泓分叉弯曲。水深／河宽比为 0.0005-0.001。

长江沿岸经济发展迅速，感潮区的水上交通发达。因此被称为"深水航道工程"的航道的建设正在计划之中。另外，为适应该地区日益增长的淡水需求，感潮区内正在计划建设一座新的淡水水库"青草沙水库"。为探讨此类计划的可行性及设计的合理性，需对感潮区的泥沙堆积和地形变化情况进行定量研究。

中国东海岸受半日潮控制，大潮的潮位差约为 2.7 m。长江下游的纵向坡降非常小，即使在洪季，潮波也可传播至距河口 160 km 的江阴潮位站，所以水流的非恒定

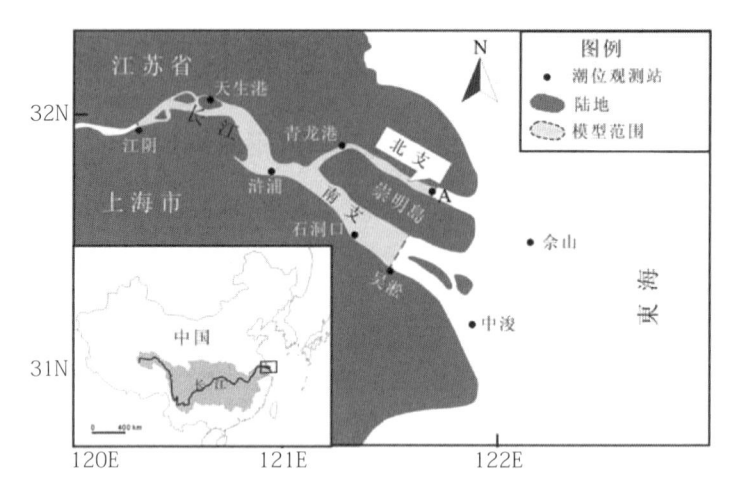

图 1 计算区域和潮位观测站的位置

性很强，对泥沙的输送及其导致的地形变化非常复杂，无法完全明确其实际变动情况。所以本研究作为长江下游感潮区地形演变研究的基础阶段，将以数值模拟的方式来探讨潮汐作用下的流场情况。

2. 计算方法

2.1 计算对象范围及计算时间

计算时间为 2003 年 7 月 15 日至 16 日的一天半。流量为如图 2 所示的洪季平均流量。计算范围是从江阴潮位站至河口附近的吴淞潮位站。河道地形由一系列长江

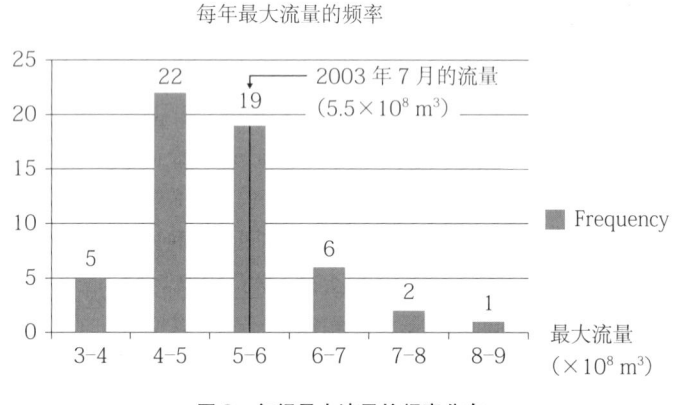

图 2 年间最大流量的频率分布

航道图数字化而成。

边界条件为上游边界的流量和下游边界的水位。长江感潮区河宽大，其横向变化可能会对计算结果造成影响。但该方面没有详细的数据支持，所以用假定的边界条件来输入模型进行计算。在敏感性分析的基础上，对不受边界条件影响的区域的流场特性及泥沙输送进行讨论。

2.2 计算模型的介绍

长江下游感潮区的潮差大，淡盐水的混合强，所以密度分层的影响非常小。本研究使用的模型由吉田和石川开发，将二次流整合入浅水方程组，称为准三维水流模型。在直角坐标系中将三维运动方程以伽辽金法进行垂直积分，得到以下准三维方程组。

$$\frac{\partial h}{\partial t}+\frac{\partial M}{\partial x}+\frac{\partial N}{\partial y}=0 \tag{1}$$

$$\frac{\partial M}{\partial t}+\frac{\partial(MU)}{\partial x}+\frac{\partial(MV)}{\partial y}+\gamma\frac{\partial(mu')}{\partial x}+\gamma\frac{\partial(mv')}{\partial y}=-g\frac{\partial H}{\partial x}+\gamma\frac{\tau_{bx}}{\rho}+\frac{\partial h\tau_{uu}}{\partial x}+\frac{\partial h\tau_{uv}}{\partial y} \tag{2}$$

$$\frac{\partial N}{\partial t}+\frac{\partial(NU)}{\partial x}+\frac{\partial(NV)}{\partial y}+\gamma\frac{\partial(nu')}{\partial x}+\gamma\frac{\partial(nv')}{\partial y}=-g\frac{\partial H}{\partial y}+\gamma\frac{\tau_{by}}{\rho}+\frac{\partial h\tau_{uv}}{\partial x}+\frac{\partial h\tau_{vv}}{\partial y} \tag{3}$$

$$\frac{\partial m}{\partial t}+\frac{\partial(mU)}{\partial x}+\frac{\partial(mV)}{\partial y}+\frac{\partial(Mu')}{\partial x}+\frac{\partial(Mv')}{\partial y}=\frac{1}{\gamma}\left(\tau_{f,u}+g_u+\frac{\partial h\tau_{f,uu}}{\partial x}+\frac{\partial h\tau_{f,uv}}{\partial y}\right) \tag{4}$$

$$\frac{\partial n}{\partial t}+\frac{\partial(nU)}{\partial x}+\frac{\partial(nV)}{\partial y}+\frac{\partial(Nu')}{\partial x}+\frac{\partial(Nv')}{\partial y}=\frac{1}{\gamma}\left(\tau_{f,v}+g_v+\frac{\partial h\tau_{f,uv}}{\partial x}+\frac{\partial h\tau_{f,vv}}{\partial y}\right) \tag{5}$$

这里 h 为水深，H 为水位，$(M,N)=(Uh,Vh)$，$(m,n)=(u'h,v'h)$。(U,V) 是垂直均流速，(u',v') 是二次流强度。吉田和石川将二次流的垂直分布近似为线性函数，在这种情况下 $\gamma=1/12$。另外，ρ 为流体密度，τ_{bx} 为底面切应力，τ_{uv} 和 $\tau_{f,uv}$ 表示平均流及其偏差成分的雷诺应力的垂向平均值。吉田在基于适体坐标系（BFC）的局部柱坐标系中使用了 CIP-Soroban 法，开发了适合于任何曲流河流场的解决方案，详细内容请参阅文献。

上游端（江阴）只观测了水位而没有观测流量。另外，潮波可上溯至江阴，造成江阴的流量随潮时变化，这里用了赵联芳等开发的长江下游一维非恒定流模型，对江阴到大通流量观测站（江阴上游约 480 km）潮汐的传播进行了计算，并求得江阴的流量变化过程。

计算的下游端为图 1 所示的吴淞和北支的 A 点。吴淞的水位进行了观测而 A 点的水位未知，故在考虑了潮汐的传播后用青龙港和佘山潮位观测站的观测水位内插而

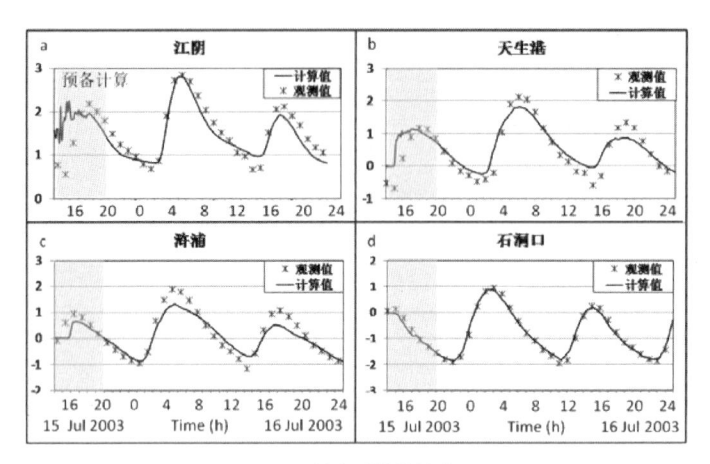

图 3　糙度系数的校准

成。

在预备计算中考察了曼宁糙度系数 n。计算对象为除吴淞及江阴的另外三个潮位观测站（天生港，浒浦，石洞口）。这里的计算条件是上游端输入非恒定流计算所得流量，下游端输入的水位横向水平。在代入了多种糙度系数进行计算后，如图 3 所示，在 $n = 0.024$ 时计算结果与各观测站的水位观测值一致性最高。

3. 边界条件的影响

如前所述，在本计算中必须把上游端（江阴）的流量分布和下游端的水位分布作为边界条件输入模型。但对于这两项分布并没有详细的观测数据支持。所以设定了以下多种在边界上的可能分布，来调查这种不确定因素的影响范围。

江阴的流入流量的时间分布是由一维非恒定流模型解析求得，在此基础上用两种方法设定了流速的横向分布，从两者的计算结果的比较来推导上游边界条件的影响范围。一个是用曼宁流速分布式 $U = (1/n) h^{2/3} I^{1/2}$，得到单宽流量 q 与 $h^{5/3}$ 成正比。另一个是设定 q 横向一致。两者的计算结果的差异由式 (6) 定义的指标 IE 来进行评价。

$$IE = \sum_{i=1}^{N} \left(\sum_{t=1}^{T} \left(\frac{(u_{1i}^t - u_{2i}^t)^2 + (v_{1i}^t - v_{2i}^t)^2}{T} \right) \right) \bigg/ \sum_{i=1}^{N} \left(\left(\frac{\sum_{t=1}^{T} u_{1i}^t}{T} \right)^2 + \left(\frac{\sum_{t=1}^{T} v_{1i}^t}{T} \right)^2 \right)$$

(6)

在这里 (u_{1i}^t, v_{1i}^t) 和 (u_{2i}^t, v_{2i}^t) 是两种计算结果中 t 时刻第 i 个格子的流速矢量，T 是

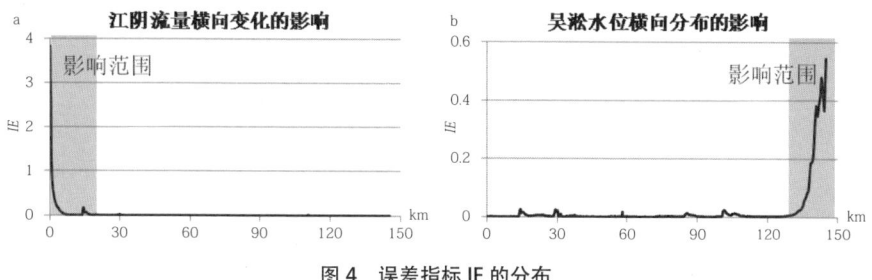

图 4 误差指标 IE 的分布

潮汐的周期。

江阴至吴淞的 IE 纵向分布如图 4a 所示。由图可知，上游边界的流量的横向差别仅对江阴以下 20 km 的区间造成影响。

其次，调查了下游边界断面（吴淞）的水位横向分布。先用河口外佘山和中浚（图1）的潮位观测数据求出外海的水位横向梯度。将该值作为代表值输入下游边界进行计算，其计算结果与假定水位横向水平时的计算结果进行比较，并由式 (6) 得到 IE 的纵向分布（图 4b）。结果发现水位分布的影响仅限于吴淞以上 20 km。

综前所述，除上下游各 20 km 以外，其余 110 km 的范围内的数值模拟的结果几乎不受边界条件的影响。以下对中间 110 km 范围内的流场特性进行讨论。

4. 计算结果

4.1 非恒定流流场

从模型计算中得到一次潮周期流速矢量的变化过程，其非恒定性在 7 个地点进行展示（图 5）。图中的等值线表示退潮时的最大底面流速（u_b），u_b 的大值出现的位置相当于主泓。图中的矩形将会在后文进行解释。主泓处涨潮期间和退潮期间刚好流速方向相反，其过度阶段也基本保持往复流的性质。但是在沙洲处所对应的 u_b 值较小（图中比较深的部分），一次潮周期内流向变化很大，矢量箭头形成椭圆形。对于这些地点来说流速偏离主泓的时间长，可能造成从主泓流出的细颗粒泥沙向沙洲方向输送。

其次，从 u_b 的空间分布可看出矩形包围的 4 个区域 u_b 的值很大，基本以 20-22 km 等间隔分布。另外，这 4 个地点的旁边均存在大型沙洲，所以我们认为这种水流的周期性变化和沙洲地形的周期性发育有着密切的关系。

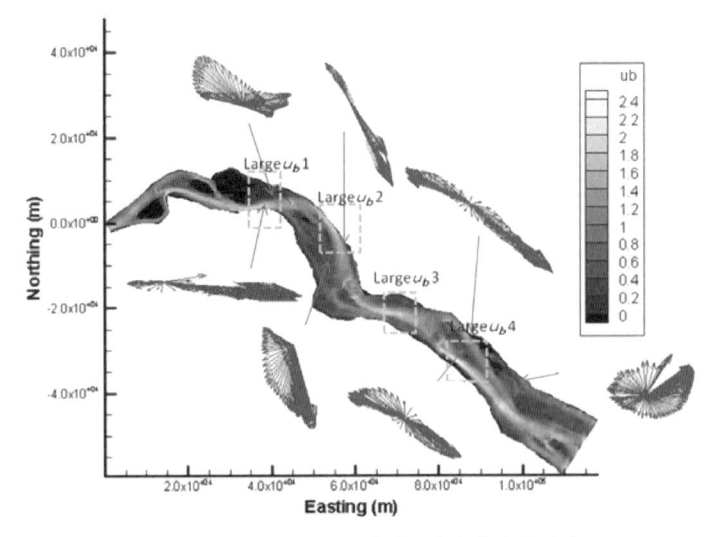

图 5　流速的旋转性和最大底面流速（u_b）的分布

4.2　非恒定流情况下的泥沙输送

河床沙一般在退潮时侵蚀悬浮在涨停时沉降，其运动循环决定了河床形态。因为底部拖曳力是底面流速 u_b 的单调递增函数，所以在图 5 的等值线图中所示的 u_b 的大值区域起动的可能性很大。在计算所得的非恒定流场中，退潮时在该区域的主泓中投入浮游示踪物，对到涨停为止的移流扩散状况进行计算。其结果如图 6a-c 表示。

由图可知，从 u_b 大值区域的主泓流出的悬浮泥沙，在接下来的涨停时刚好到达其下游的矩形区域并在该地有沉降的趋势。在这种情况下，因为扩散作用可能在沙洲上部也发生堆积。这种由图 5 所示的周期性空间分布被认为与洪季最大流量的平均状况相适应。

5.　结论

本文对洪季最大流量的平均状况时长江下游感潮域的流场进行了研究，并由准三维水流模型进行模拟讨论。其结果如下：

作为数值模拟的边界条件，上游边界的流速横向分布和下游边界的水位横向分布不明确。但从计算结果可知这种边界条件的影响仅限于上下游各 20 km 的范围内，余下的 110 km 的区间内的计算结果是可信的。

由潮汐作用产生的非恒定流在主泓位置近似于单纯的往复流。在沙洲附近横断方向的流速流向发生变化，一次潮周期间的流速变化显示为椭圆形。这种运动会产生由

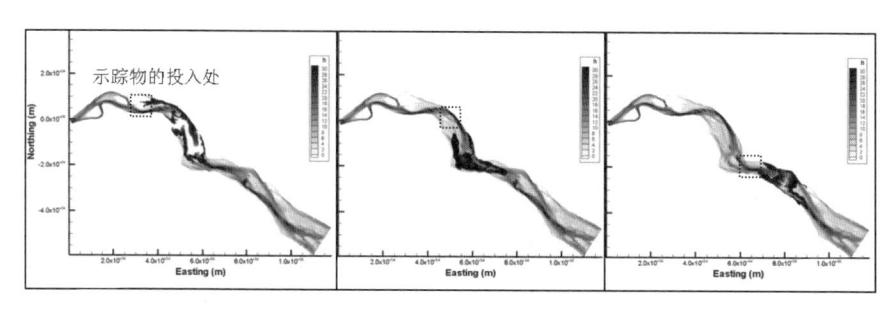

图 6　从退潮时到涨停为止的泥沙运移状况

主泓向沙洲方向的泥沙运移，可能使河床地形的高低差增大。

拖曳力大的位置基本以 20-22 km 为间隔等距离分布。在主泓拖曳力的大值位置被侵蚀的泥沙非常有可能被运移到其下游的主泓拖曳力大值位置的旁边的沙洲上堆积。

◆編者紹介◆

石川 忠晴（いしかわ ただはる）　工学博士

1973年東京工業大学工学部土木工学科卒業，1978年同大学院理工学研究科博士課程修了。建設省土木研究所研究員，東京工業大学工学部助教授，東北大学工学部助教授，教授を経て，1993年東京工業大学大学院総合理工学研究科教授。2007年中国赴日本国留学生予備教育専門日本語教師団団長。
専門は，環境水理学，環境計画
主要図書：都市をめぐる水の話（共編著，井上書院）

◆作者介紹◆

石川 忠晴　工学博士

1973年毕业于东京工业大学工学部土木工程科，1978年获得东京工业大学大学院理工学研究科博士学位。历任日本建设省土木研究所研究员，东京工业大学工学部副教授，东北大学工学部副教授，教授，于1993年开始担任东京工业大学大学院综合理工学研究科教授。2007年担任中国赴日本国留学生预备教育专业日语教师团团长。
研究方向：环境水力学，环境设计
主要著作：城市中的水问题（共同编著，井上书院出版）

NDC　407　　196 p　　21 cm

中国人留学生のための理系日本語作文技術

2011年　6月10日　第1刷発行

著　者　　石川　忠晴（いしかわ ただはる）
発　行　　東京工業大学出版会
発　売　　工学図書株式会社
　　　　　〒113-0021　東京都文京区本駒込1-25-32
　　　　　電話(03)3946-8591
　　　　　FAX(03)3946-8593
印刷所　　株式会社双文社印刷

©Tadaharu Ishikawa, 2011 Printed in Japan　　ISBN978-4-7692-0494-7